Das 15-Minuten-Zielgespräch

Karl Herndl

Das 15-Minuten-Zielgespräch

Wie Sie Ihre Verkäufer zu
Spitzenleistungen bringen

3., durchgesehene Auflage

Karl Herndl
Karl Herndl Training KG
Viktring
Österreich

ISBN 978-3-8349-4724-6   ISBN 978-3-8349-4725-3 (eBook)
DOI 10.1007/978-3-8349-4725-3

Die Deutsche Nationalbibliothek verzeichnet diese Publikation in der Deutschen Nationalbibliografie; detaillierte bibliografische Daten sind im Internet über http://dnb.d-nb.de abrufbar.

Springer Gabler
© Springer Fachmedien Wiesbaden 2008, 2010, 2014

Lektorat: Manuela Eckstein

Gedruckt auf säurefreiem und chlorfrei gebleichtem Papier

Springer Gabler ist eine Marke von Springer DE. Springer DE ist Teil der Fachverlagsgruppe Springer Science+Business Media
www.springer-gabler.de

Vorwort

Liebe Leserin, lieber Leser!

Spitzenleistungen im Verkauf sind immer abhängig davon, wie gut Verkäufer von ihren Führungskräften geführt werden. Natürlich kann man auch die Frage stellen, warum Verkäufer nicht von sich aus ihre Chancen am Markt besser nutzen, wo sie doch durch höhere Provisionen unmittelbar belohnt werden würden? Den meisten Verkäufern fällt es schwer, eigene Komfortzonen („rote Linien") permanent zu überschreiten. Sie geben sich häufig mit mittelmäßigen Erfolgen zufrieden, obwohl viel mehr „drin" wäre, wenn in den Kundengesprächen strukturiert und konsequent gearbeitet werden würde.

Die Arbeit von Führungskräften im Vertrieb besteht darin, Verkäufer dazu zu bewegen, dass sie mehrmals am Tag beim Kunden „das Richtige" tun. Dabei geht es um konkrete Handlungen, die beim Kunden erfolgen müssen, damit sich der Verkaufserfolg nachhaltig einstellt. Die Grundlage dafür ist eine ausgereifte Arbeitstechnik. Damit ist das Stellen der „richtigen Fragen" genauso gemeint wie der konstruktive Umgang mit Kundeneinwänden. Die Anzahl der Verkaufstermine in der Woche spielt ebenso eine Rolle wie der Zusatzverkauf.

Grundlage der Entwicklungsarbeit im Vertrieb ist es, dass Übereinstimmung darüber herrscht, wie der detaillierte Verkaufsprozess auszusehen hat, um möglichst große Erfolge zu erzielen. Als Führungskraft sind Sie dann angehalten, die Stärken und

Schwächen Ihrer Verkäufer hinsichtlich der einzelnen Bausteine zu analysieren, um Entwicklungen zu ermöglichen und einzufordern.

In den vielen Seminaren der letzten Jahre konnte ich als Trainer beobachten, wie schwer es Führungskräften fällt, Verkäufer für Entwicklungsprozesse zu gewinnen. Die Führungskräfte gaben sich in den Übungsgesprächen zu rasch mit halbherzigen Vereinbarungen zufrieden, und viele Gespräche kosteten zu viel Zeit.

Diese Erfahrungen waren Anlass für mich, einen Gesprächsleitfaden für das Führungsgespräch zu entwickeln, der knapp und klar auf den Punkt kommt. Und als ich diese Gespräche mit meinen Seminarteilnehmern üben ließ, war schnell klar, dass es nicht länger als 15 min dauert, um mit dem Mitarbeiter *einen* konkreten Entwicklungsschritt in seinen Verkaufsgesprächen zu erreichen und langfristig sicherzustellen. Das Ergebnis ist das vor Ihnen liegende *15-Minuten-Zielgespräch*[1].

Je mehr wir uns in den Seminaren mit den Zielgesprächen beschäftigten, desto mehr kristallisierte sich heraus, dass bestimmte Inhalte immer wiederkehren. Sie werden in den praktischen Beispielen im zweiten Kapitel dieses Buches Situationen finden, die Sie sofort eins zu eins umsetzen können. Ich habe bewusst auf die Beschreibung psychologischer Hintergründe verzichtet, weil ich Ihnen eine praktische Anleitung liefern möchte, die Sie und Ihr Team sofort nach vorne bringt.

Die ausgewählten Dialoge basieren zum Teil auf meinen Aufzeichnungen, die ich während meiner Seminare angefertigt habe.

---

[1] Das Copyright für die Methode *15-Minuten-Zielgespräch* liegt bei der Karl Herndl Training KG, Junoweg 4, A-9073 Viktring. Mit dem Kauf dieses Buches haben Sie als Leser das Recht erworben, das *15-Minuten-Zielgespräch* in Ihrem Führungsbereich einzusetzen. Der Einsatz als Trainingsmethode für einen großen Führungsbereich bzw. für ein ganzes Unternehmen bedarf der schriftlichen Genehmigung des Autors.

Ich wünsche Ihnen, liebe Leser, viel Spaß und Erfolg bei der Führungsarbeit mit dem 15-Minuten-Zielgespräch.

Ihr

Danksagung

Ich danke den vielen Seminarteilnehmern, die ihren Beitrag zur Entstehung dieses Buches geleistet haben. Die Gruppenarbeiten auf den Führungsseminaren und die gemeinsame Analyse der Gesprächsübungen haben das 15-Minuten-Zielgespräch weiterentwickelt.

Mein besonderer Dank gilt *Frank Pöppinghaus*, der mich mit seinen Ideen zur Verfeinerung des Führungsprozesses immer wieder stark inspiriert hat.

Danke auch an meine Lektorinnen Manuela Eckstein und Margit Schlomski bei Springer Gabler, die die Entstehung meiner fünf Sales-Bücher in den letzten 14 Jahren mit großem Engagement und Freude begleitet haben.

Am Schluss sage ich noch meinem Sohn Lukas danke dafür, dass er sich als mein „privater Lektor" verdient gemacht hat.

Inhaltsverzeichnis

Der Autor

 Karl Herndl Jahrgang 1961, studierte Pädagogik und Gruppendynamik in Klagenfurt. Danach arbeitete er sieben Jahre in mehreren Funktionen in einem Dienstleistungsunternehmen in Wien, zuletzt als Verkaufsleiter.

Seit 1997 führt er als Geschäftsführer der „Karl Herndl Training KG" im deutschsprachigen Raum Projekte und Seminare zur Verkaufsförderung durch.

Von Karl Herndl sind bisher folgende Bücher erschienen:

„*Auf dem Weg zum Profi im Verkauf*" (Springer Gabler. 5. Auflage 2014)

„*Führen im Vertrieb*" (Springer Gabler, 4. Auflage 2014)

„*Führen und verkaufen mit der Kraft der Ordnung*" (Springer Gabler, 2. Auflage 2012)

„*Sales Coaching by Benedict*" (Springer Gabler 2013).

Die Grundlagen

1

1.1 Wie sieht die Ausgangssituation aus?

Ich hatte in den letzten Jahren die Gelegenheit, mit mehreren Hundert Führungskräften im Vertrieb Seminare durchzuführen. Die Damen und Herren kamen aus den unterschiedlichsten Branchen, überwiegend aber aus dem Segment Finanzdienstleistung und Versicherung.

Die Grundlage der Seminare bildete das Erkennen und Bearbeiten der eigenen Komfortzonen in der täglichen Führungsarbeit. Diese Komfortzonen *„rote Linien"* bezeichnen eine Grenze, vor der Führungskräfte immer wieder umkehren, wenn sie sich konkret mit ihren Mitarbeitern und deren Entwicklung beschäftigen sollen.

Im nächsten Schritt wurde dann der *erfolgreiche Verkaufsprozess* in dem jeweiligen Unternehmen analysiert und entsprechende Verfahren und Verhaltensweisen abgeleitet, die die Verkäufer im Verkaufsgespräch erfolgreicher machen würden. Anschließend standen die Entwicklungsgespräche, die mit den Verkäufern geführt werden, im Blickpunkt des Interesses.

Wir haben gemeinsam mit den Teilnehmern in diesen Seminaren sehr viel experimentiert, Strukturen ausprobiert, Fragen entwickelt und verfeinert. Da in den Entwicklungsgesprächen mit

© Springer Fachmedien Wiesbaden 2014
K. Herndl, *Das 15-Minuten-Zielgespräch,*
DOI 10.1007/978-3-8349-4725-3_1

1

den Verkäufern immer wieder dieselben Inhalte thematisiert werden, lässt sich die Bearbeitung dieser Inhalte weitgehend standardisieren. Schnell wurde auch klar, dass es nur eine Viertelstunde dauert, wenn man mit einem Verkäufer in *einem* Gespräch nur *ein* Entwicklungsfeld anspricht. So ist dann das *15-Minuten-Zielgespräch* entstanden.

Mit Verkäufern zu arbeiten und für deren Ergebnisse verantwortlich zu sein, ist eine sehr große Herausforderung. Führungsarbeit direkt am Mann heißt, niemals „locker" zu lassen und bereit zu sein, sich ständig auf einen Prozess der Auseinandersetzung einzulassen. Führungskräfte dieser Ebene sind immer wieder mit den Stimmungen, Problemen und Eigenheiten ihrer Verkäufer konfrontiert. Sie machen vermutlich den schwierigsten Job in der Führungsstruktur eines Unternehmens. Der Wert dieser Arbeit wird oft unterschätzt. Je weiter oben Führungskräfte im Unternehmen angesiedelt sind, desto weniger müssen sie sich konkret mit den Verkäufern auseinandersetzen.

Das Führen von Verkäufern ist also ein schwieriger Prozess, der in der Praxis auch leider viel zu oft nicht jene Entwicklung bringt, die bei einem konsequenten Führungsverhalten möglich wäre. Vorgesetzte geben sich zu oft mit dem Erreichen von Teilzielen zufrieden und akzeptieren Ausreden von Mitarbeitern, vor allem dann, wenn die Verkaufsleistungen insgesamt zufriedenstellend sind. Ziele und Maßnahmen werden meist zu wenig konkret vereinbart, und das Einfordern von Absprachen erfolgt nicht konsequent genug. Wenn die Potenziale der Verkäufer tatsächlich genutzt werden sollen, dann muss vorher noch eine Menge in das Verhalten der Führungskräfte investiert werden.

Meiner Erfahrung nach sind Verkäufer schnell bereit, sich auf Entwicklungsprozesse einzulassen, wenn sie den Mehrwert erkennen, der ihnen dadurch geboten wird. Sie benötigen dafür aber eine Führungskraft, die ihnen den Sinn von Weiterentwicklung gut „verkauft" und diese auch ständig einfordert.

Nach zahlreichen Beobachtungen von Führungskräften in den Seminaren und im Coaching vor Ort hatte ich Gelegenheit, gravierende Entwicklungsfehler im Führungsverhalten zu beobachten. Nachfolgend die häufigsten Fehler.

1.1.1   Quantität wird mit Qualität verwechselt

Niemand kann behaupten, dass im Vertrieb nicht genug gearbeitet wird. Genauer gesagt ist die Anzahl der Wochenstunden, die Führungskräfte bereit sind, in ihren Job zu investieren, durchaus beachtlich. Bei den meisten liegt die Wochenarbeitszeit bei 50. Stunden, aber auch 70 Stunden sind keine Seltenheit. Die Frage ist natürlich nun, wie diese Zeit verwendet wird.

Im Rahmen von Projekten werde ich manchmal in Unternehmen eingeladen, um an einer Sitzung teilzunehmen. Kürzlich stand in einer Einladung „von 9 Uhr bis 16 Uhr". Ich dachte zuerst, ich hätte mich verlesen und fragte mich dann, wie wir es denn schaffen würden, für dieses eine Thema so viel Zeit zu brauchen. Die Sitzung dauerte dann tatsächlich sieben Stunden. Die Vortragenden bemühten sich sichtlich, ihre Beiträge so „aufzublasen", dass es schließlich 16 Uhr geworden ist. Es war jedoch offensichtlich, dass das Thema auch in der Hälfte der Zeit hätte abgehandelt werden können.

▶   Die Qualität der Führungsarbeit muss gemessen werden und nicht die dafür benötigte Zeit.

Aber auch „echte" Führungsgespräche in der Praxis dauern häufig zwischen zwei und drei Stunden. Am Ende haben sich alle lieb. Wenn man aber festmachen will, was denn nun an konkreten Entwicklungsprozessen besprochen und vereinbart worden ist, bleibt relativ wenig übrig.

Das *15-Minuten-Zielgespräch* setzt genau an dieser Stelle an. Es zeigt Ihnen einen sehr engen Rahmen, in dem es möglich wird, *ein* konkretes Entwicklungsthema mit einem Verkäufer in 15 min abzuhandeln. Und zwar komplett: vom Smalltalk bis zur Vereinbarung. Das setzt ein von sehr konkreten Fragen gesteuertes Vorgehen voraus, das wir uns noch ausführlich ansehen werden.

An dieser Stelle möchte ich schon vorwegnehmen, dass die Teilnehmer von dieser Methode durchwegs sehr angetan sind, weil sie genauso einfach wie konkret ist und ihnen zudem hilft, eine Menge Zeit einzusparen. Es dauert aber lange, sich mit dem Gedanken anzufreunden, dass 15 min voll und ganz ausreichen.

Die folgende Reaktion erlebte ich kürzlich bei einem Seminarteilnehmer:

Beispiel

Herr F: „Ich fahre aber zu einem Verkäufer eine halbe Stunde mit dem Auto hin. Dann kann ich doch nicht nach einer Viertelstunde wieder abreisen!"

Trainer: „Herr F, würden Sie für 500 Euro von Düsseldorf zu mir nach Klagenfurt reisen?"

Herr F: „Nein, für dieses Geld wäre mir die Strecke zu weit!"

Trainer: „Würden Sie für 5000 Euro kommen?"

Herr F: „Ja, natürlich. Worauf wollen Sie hinaus?"

Trainer: „Nehmen wir an, der von Ihnen angesprochene Mitarbeiter spricht nach dem *15-Minuten-Zielgespräch* mit Ihnen ab sofort in jedem Verkaufsgespräch die Rentenvorsorge an. Was glauben Sie, wie viele Verträge er dann pro Monat platzieren kann?"

Herr F: *(denkt nach)* „Ich denke, fünf bis sieben Verträge."

Trainer: „Nehmen wir fünf Verträge, das wären dann 60 im Jahr. Wie viel Provision würde er dafür bekommen?"

Herr F: „Jedenfalls mehr als 5000 Euro."

Dieses Beispiel zeigt klar, dass Führungskräfte sich nur schwer vorstellen können, dass Qualität nicht von der dafür aufgewendeten Zeit abhängt. Die Vorstellung ist vielmehr, wenn die Anreise zum Mitarbeiter eine halbe Stunde dauert, muss ich mindestens zwei Stunden dort verbringen, damit sich der Aufwand lohnt.

Stellen wir uns Folgendes vor: Ein Patient fährt zu einem bekannten Arzt von München nach Hamburg, in der Hoffnung, dass der ihm helfen kann. Auch wenn der Termin beim Arzt nicht länger dauert als eine Viertelstunde, käme der Patient nicht auf die Idee, noch andere Ärzte aufzusuchen, damit sich die Fahrt gelohnt hätte.

Wenn Sie einen Mitarbeiter, der weiter entfernt tätig ist, seltener sehen, wird das Gespräch natürlich länger dauern. Es gibt sicher einiges an Administration, das liegen geblieben ist und nun gemeinsam aufgearbeitet werden muss. Irgendwo in diesem Gespräch muss aber trotzdem der Entwicklungsteil kommen, der dann nicht länger als 15 min dauern sollte. Klar ist, dass auch Jahresgespräche länger dauern als 15 min. Das sind aber eben Jahresgespräche und nicht die regelmäßigen Entwicklungsgespräche.

1.1.2 Der Redeanteil der Führungskräfte ist zu hoch

Zu Beginn der Führungsseminare erlaube ich mir immer den Spaß, die Teilnehmer reihum zu fragen, wie hoch sie den Redeanteil in ihren Führungsgesprächen einschätzen. „So um die 50 Prozent", antworten die meisten, begleitet von einem Lächeln. Damit ist dann ein Kernproblem schon angesprochen. Offenbar kennen es die meisten, tun aber nichts dagegen.

Wenn wir Menschen ein Problem lösen sollen, reagieren wir sehr oft mit einem Redeschwall. Wir kennen das sehr gut aus Verkaufsgesprächen, wenn uns wieder einmal ein Verkäufer „vollgeschwatzt" hat und wir uns am Ende gar nicht mehr auskennen. Einer meiner Seminarteilnehmer beschwerte sich einmal: „Herr

Herndl, ich *predige* meinen Leute mindestens einmal in der Woche, was ich von ihnen erwarte, sie setzen es aber nicht um!" Ja, das ist genau das Problem. Führungskräfte „predigen", schlagen vor und erwarten, statt den Mitarbeiter zum Denken und Handeln zu bringen.

▶ Wer mit guten Fragen führt und die Pausentechnik einsetzt, erreicht in der Hälfte der Zeit doppelt so gute Ergebnisse.

Was gepredigt wird, geht auf der einen Seite rein und auf der anderen wieder raus. Der Chef wir sich schon wieder beruhigen. Ganz anders verhält es sich aber, wenn die Mitarbeiter gefordert werden:

Beispiel

Führungskraft: „Herr Mitarbeiter, was glauben Sie denn, worüber wir heute reden sollten?

1.1.3   Die Fragen- und Pausentechnik wird nicht bewusst eingesetzt

In unseren Übungsgesprächen gibt es fast immer einen Part, in dem die Führungskraft einen Monolog von ein paar Minuten hält und sagt, was der Mitarbeiter alles tun soll und was er davon hat. Ich filme diese Szenen immer mit einem heimlichen Lächeln, notiere mir die Schlagworte und bitte dann den Teilnehmer, das eben Gesagte noch einmal in Fragen zu formulieren. Das gelingt meist auch ganz gut. Wenn wir uns später mit allen Teilnehmern das Video ansehen, ist der Lerneffekt enorm.

Es ist kaum zu glauben, wie wenig auch heute noch in Verkaufs- und Führungsseminaren die Fragen- und Pausentechnik eingesetzt wird. Im Verkaufsgespräch, wenn alle Fakten auf dem Tisch liegen und der Kunde Abschlusssignale zeigt, stellen Verkäufer häufig die Abschlussfrage. Beispiel: „Herr Kunde, wollen wir das so machen?" Wenn die Kunden nicht sofort wie aus der Pistole geschossen antworten, halten die Verkäufer die Pause nicht aus und sagen meist: „Oder haben Sie noch Fragen?" Dann beginnt der Verkaufsprozess leider häufig wieder von vorne. Der größte Hebel, mit dem ein anderer zur Aktivität gezwungen wird, ist die *Pause* nach einer guten Frage. Diese Pause dauert in der Regel nur ein paar Sekunden. Nur, wenn Sie diese paar Sekunden nicht aushalten, verliert die beste Frage ihre Wirkung.

▶   Ein Führungsgespräch ist ein Verkaufsgespräch.

Ein Verkäufer wird nur in Ausnahmefällen Ihnen zuliebe beim Kunden ein bestimmtes Produkt ansprechen. Er wird es aber sicher tun, wenn Sie ihm Vorteile für sich und seine Kunden verkauft haben, die damit verbunden sind. Nehmen wir das Beispiel „Cross-Selling", das in den meisten Unternehmen eine Rolle spielt. Entweder Sie erzählen dem Mitarbeiter, dass er endlich mehrere Sparten beim Kunden ansprechen soll, weil das für ihn und die Kunden wichtig ist, oder Sie fragen ihn ganz einfach:

Beispiel

Führungskraft: „Herr Mitarbeiter, welchen Vorteil haben Sie, wenn die Kunden mehrere Sparten bei Ihnen kaufen?" *(Pause)* „Welchen Vorteil haben Sie noch?" *(Pause)* Welchen Vorteil haben Sie noch? *(Pause)*

In den Rückmeldungen meiner Seminarteilnehmer kommt immer wieder das Thema Pause zur Sprache. Die meisten haben die Pausentechnik in ihrem Berufsalltag erfolgreich einsetzen können.

1.1.4 Die Zahlen stehen zu sehr im Vordergrund und nicht die Inhalte

Die Zielvereinbarungen betreffen meist Zahlenziele, wie beispielsweise X Stücke eines Produkts im Zeitraum Y: „Herr Mitarbeiter, dann bringen Sie mal im nächsten Monat vier Rentenvorsorgen". „Ja", sagt der Mitarbeiter im besten Fall, weiß aber nicht, wie er es tun soll.

Nehmen wir zum Beispiel einen Mitarbeiter eines Versicherers, der in Sachsparten (Auto, Hausrat...) gut ist, aber kaum Rentenvorsorgen verkauft. Wenn er wüsste, wie das ginge, hätte er es bereits getan. Er ist also beim Kunden, hat die Autoversicherung abgeschlossen. Natürlich denkt er an die Rentenvorsorge. Da ihm jetzt aber die richtige „Formel" fehlt, mit der er überleiten kann, dreht er an dieser roten Linie wieder um. Und wenn Sie ihn dann fragen, warum er es nicht getan hat, dann hat er es „vergessen" oder „der Kunde wollte nicht mehr" oder „der Kunde war bestimmt mit diesem Produkt schon versorgt". Diese Ausreden bringen den Mitarbeiter natürlich nicht weiter.

Es ist Ihre Aufgabe, den Mitarbeiter in die Lage zu versetzen, dass er für sich einen Satz findet, mit dem er elegant beim Kunden von einer Sparte in die andere Sparte wechseln kann.

Beispiel

Verkäufer: „Herr Kunde, jetzt haben wir gut für den Schutz Ihres Autos gesorgt. Ich habe aber noch eine andere Frage an Sie: Wo haben Sie Ihre Rentenvorsorge abgeschlossen?" *(Pause)*

▶   Als Führungskraft sind Sie dafür verantwortlich, dass Ihre Mitarbeiter mehrmals am Tag das Richtige tun.

In der Vereinbarung mit dem Mitarbeiter kann es nicht darum gehen, eine Stückzahl von Abschlüssen einzufordern. Viel wichtiger ist es, die Anzahl der Ansprachen zu vereinbaren. Wenn Sie den Mitarbeiter dazu bewegen können, in jedem Gespräch eine bestimmt Anschlussfrage zu stellen, dann stellen sich die Ergebnisse von selbst ein.

1.1.5 Angst vor Controlling

Controlling wird immer noch viel zu sehr mit „Kontrolle" verbunden und deshalb von den Führungskräften als möglicher Konfliktpunkt in der Beziehung zu ihren Verkäufern vermieden.

Mit Controlling ist eigentlich *die schriftlich geplante Erreichung eines vereinbarten Ziels* gemeint, und diese Art von Begleitung wird kein Verkäufer ablehnen, wenn er einmal erlebt hat, wie sehr ihm ein konsequentes Controlling beim Erreichen seiner Ziele hilft. Wenn Führungskräfte im Vertrieb kein konsequentes Controlling durchführen, muss man sich fragen, wofür sie überhaupt da sind. Das klingt jetzt sehr hart, ist aber die reine Wahrheit.

Wenn wir im Seminar das Thema „Angst vor Controlling" besprechen, bitte ich die Teilnehmer, die Augen zu schließen und an eine Führungskraft zu denken, die sie im Verlauf ihres Lebens sehr beeindruckt hat. Nach einiger Zeit frage ich dann einzelne Teilnehmer, wer denn vor ihrem „geistigen Auge" erschienen ist. Meistens werden Menschen genannt, die die Teilnehmer im Laufe ihres Berufslebens selber als Chef erlebt haben, es werden aber auch Väter, Mütter, Pfarrer und Lehrer als Beispiele für gute Führungsarbeit genannt. Auf die Frage, was denn an der genannten Führungskraft so besonders war, kommen folgende Antworten:

- „Er/sie hatte ‚Handschlagqualität'."
- „Er/sie hat mich gefordert, aber auch gefördert."

- „Er/sie hat mir geholfen, mich zu entwickeln."
- „Er/sie war streng mit mir, wenn es notwendig war."
- „Er/sie hat mir herausfordernde Ziele gesteckt."
- „Er/sie war in seinem Verhalten zu mir sehr konsequent."
- „Er/sie hat gelobt, aber auch getadelt."

Mehrere dieser Aussagen gehen in die Richtung, dass gute Führungskräfte Ziele konkret vereinbaren und die Umsetzung mit einem konsequenten Controlling sicherstellen. Eindruck haben diese Menschen immer dann hinterlassen, wenn sie *gefordert,* aber natürlich auch *gefördert* haben. Wenn sie verbindlich waren in ihren Abmachungen und konsequent bei Fehlverhalten. Wichtig ist es, den Sinn des Controllings zu verstehen.

Beispiel

Mein Sohn Mattias ist ein sehr begabter junger Klavierspieler. Das Üben kostet ihn aber trotzdem oft eine Überwindung der „roten Linie", vor allem dann, wenn er sich mit Fingerfertigkeitsübungen beschäftigen soll.

Da ich viel unterwegs bin, kann ich seinen Fortschritt nicht jeden Tag persönlich kontrollieren. Deswegen erstellte ich für ihn einen Übungsplan, in den er jeden Tag eintragen muss, zu welcher Zeit er was geübt hat. Wenn ich nach Hause komme, gilt mein erster Blick immer dieser Liste, die er nun schon seit Jahren konsequent führt, weil er merkt, dass ich seine Übungen überprüfe und er den Vorteil dieses Controllings für seine Entwicklung als Klavierspieler erkannt hat.

▶ Entwicklung heißt für Führungskräfte, sich in echte Controllingprozesse mit ihren Mitarbeitern einzulassen.

Klare Ziele müssen vereinbart und die Erreichung der Ziele muss schriftlich festgelegt werden. Die Erreichung der Teilziele muss regelmäßig überprüft werden, damit gegebenenfalls rasch gegengesteuert werden kann. Ich werde später noch detailliert darauf eingehen, wie Ihnen das *15-Minuten-Zielgespräch* dabei helfen kann.

1.1.6 Mangelnde Konfliktfähigkeit

Der Grund, warum Führungskräfte sich nicht auf Konflikte mit Vertriebsmitarbeitern einlassen, liegt in der Angst, dass der Mitarbeiter das Unternehmen verlassen könnte. Dann entsteht wieder ein „weißer Fleck" im Vertriebsgebiet, eine unbesetzte Stelle, die mit aufwändiger Suche nach einem neuen Vertriebspartner neu besetzt werden muss. Diese Angst ist noch größer, wenn es sich bei den Vertriebspartnern um selbstständige Kaufleute handelt, eine Konstruktion, die sich in vielen Vertriebsstrukturen wiederfindet.

Aber auch von einem selbstständigen Vertriebspartner, der mit der Fahne eines Unternehmens „loslaufen" will, kann man erwarten, dass er nach den Regeln des Unternehmens arbeitet. Er profitiert ja auch von den Leistungen des Unternehmens, wie etwa Werbung, gute Produkte, Ausbildung usw. Das setzt aber voraus, dass unternehmensspezifische Regeln eingeführt werden. Wichtig ist, dass Sie sich mit diesen Regeln identifizieren und dass Sie einschreiten, wenn die Regeln verletzt werden. Wenn ein bestimmtes Produkt in einer bestimmten Zeit verstärkt verkauft werden soll, dann ist das eben so. Ihre Aufgabe ist es dann, dem Verkäufer zu vermitteln, welchen Vorteil er und seine Kunden haben, wenn er das Produkt regelmäßig anspricht, und auch Konsequenzen zu ziehen, wenn er es nicht tut.

Bitte verstehen Sie diese Aussage nicht als Werbung für den Produktverkauf. Verkauf kann sich natürlich immer nur an den Bedürfnissen der Kunden orientieren. Wenn im Kunden beispielsweise das Bedürfnis geweckt worden ist, seine Rentenlücke zu schließen, dann kann das mit einer Vielzahl von Produkten geschehen. Wenn Ihr Unternehmen gerade ein Produkt fördern will, weil es für das Unternehmen und ausgewählte Kundengruppen besonders vorteilhaft ist, dann muss der Vertrieb eben häufiger zu diesem Produkt greifen.

Leider hat sich in vielen Unternehmen die Praxis eingeschlichen, Vertriebspartner im Rahmen von großen Meetings für besondere Leistungen auf Bühnen zu holen oder an Wettbewerbsreisen teilnehmen zu lassen, auch wenn Unternehmensregeln nicht eingehalten worden sind. Das ist zum Beispiel der Verkäufer, der in einer Sparte extrem viel verkauft hat, dafür aber kaum Cross-Selling macht. Einen solchen Mitarbeiter über alle Maßen zu loben, stärkt natürlich keineswegs Ihre Rolle, da Sie ja die Einhaltung von Unternehmensregeln einfordern sollen. Der Verkäufer wird mit diesem Vorgehen in seiner Meinung bestärkt, dass ja doch vieles nicht so heiß gegessen wird, wie es gekocht wird.

▶   Menschen zu verändern heißt fast immer, sich auf Konflikte einzulassen.

Das Wort Konflikt ist negativ behaftet, obwohl es in seiner ursprünglichen Bedeutung nur „sich aufeinander einlassen" bedeutete. Es geht darum, sich auf einen Veränderungsprozess einzulassen und diesen so lange aufrechtzuerhalten, bis sich eine Verhaltensänderung beim Verkäufer eingestellt hat. Konflikt ist immer mit Emotion verbunden, meist auch mit Widerstand. Nur: Ohne Konflikte gibt es keine Entwicklung. Kinder beispielsweise erfahren ihre größten Entwicklungsschritte zunächst als Kleinkind im „Trotzalter" und später als Jugendliche in der „Pubertät". Beide Entwicklungsphasen haben den Sinn, sich mit den Führungspersönlichkeiten (Eltern) zu „reiben", um aus diesen Prozessen heraus den eigenen Weg für das Leben einzuschlagen.

Ihre Aufgabe als Führungskraft ist es, den Entwicklungsprozess mit Ihren Verkäufern einzuleiten. Ihr Verkäufer wird sicher nicht auf Sie zukommen und fragen: „Chef, in welche Richtung soll ich mich entwickeln?"

1.1.7   Angst vor Konsequenzen

Konsequenzen zu ziehen ist immer eine schwierige Aufgabe. Wer aber als Führungskraft dort, wo es notwendig ist, keine Konsequenzen zieht, wird schnell unglaubwürdig.

> ▶ Wenn Sie auch nur einmal die Durchführung einer ver
> einbarten Maßnahme nicht einfordern, brauchen Sie in
> Zukunft nichts mehr zu vereinbaren.

Der Hauptgrund, warum sich Führungskräfte mit Konsequenzen schwer tun, ist die Angst, dass der Mitarbeiter dann das Unternehmen verlassen könnte. Oft wird lieber eine mittelmäßige Leistung akzeptiert, damit für das betreffende Verkaufsgebiet nicht wieder ein neuer Mitarbeiter gefunden und mühsam geschult werden muss. Damit werden Sie als Führungskraft aber auch schnell erpressbar, nach dem Motto: „Tu mir nichts, sonst gehe ich woanders hin." Die Erfahrung zeigt aber, dass diese Gefahr überschätzt wird, denn Vertriebspartner können ihren Kunden nicht ständig „verkaufen", dass sie nun in einem anderen Unternehmen arbeiten, das natürlich immer viel besser ist als das alte. Die Beziehung eines Verkäufers zu einem Unternehmen ist zwar keine Ehe, aber doch eine Lebensgemeinschaft, und diese löst man in der Regel nicht so ohne weiteres auf. Andererseits muss man auch die Frage stellen, wie sehr Ihnen auf lange Sicht ein Verkäufer hilft, der sich nicht formen lässt. Außerdem hat die Beziehung zu diesem einen Verkäufer auch immer Auswirkungen auf Ihre Beziehungen zu den anderen Verkäufern. Die anderen fragen sich natürlich:

„Warum soll ich mich entwickeln, wenn unser Chef diese Entwicklungsschritte von unserem Kollegen nicht einfordert?"

Führung im Verkauf bedeutet, einem Verkäufer zu verdeutlichen, welchen Vorteil er und seine Kunden haben, wenn er sein Verhalten an bestimmten Punkten ändert. Wenn Sie mit einem Verkäufer einen derartigen Prozess eingeleitet haben, in dem Regeln und Entwicklungsschritte klar definiert worden sind, dann werden Sie in der Regel rasch erkennen, wie er immer besser wird. Verkäufer sind im Allgemeinen Entwicklungsprozessen gegenüber aufgeschlossen. Denn sie spüren das Ergebnis von Verhaltensänderungen unmittelbar durch zufriedene Kunden und eine deutliche Steigerung des Einkommens. Sie erleben Wertschätzung durch Top-Platzierungen in internen Rankings und sparen sich Konflikte mit ihrem Vorgesetzten. Wenn Sie einen Verkäufer in einen derart konkreten Entwicklungsprozess eingebunden haben und er dann immer noch nicht mitziehen will oder kann, dann müssen natürlich Konsequenzen gezogen werden.

Das Auflösen des Beschäftigungsverhältnisses ist aber nur *eine* von mehreren Möglichkeiten. Für diesen Fall ist es wichtig, dass Sie ständig eine Liste mit möglichen neuen Vertriebspartnern führen (oft als „Ersatzbank" bezeichnet), um im Ernstfall rasch handeln zu können.

Wenn Sie der Meinung sind, dass die Kündigung der Zusammenarbeit (noch) nicht notwendig ist, gibt es Alternativen. Oft lassen sich Vergütungssätze variabel gestalten, Verkaufsgebiete können verkleinert und damit Kunden weggenommen werden. Je nach Art der dafür gültigen Regeln in Ihrem Unternehmen gibt es an dieser Stelle bestimmt eine Reihe von Gestaltungsmöglichkeiten.

Eine weitere Maßnahme, deren Wirkung oft unterschätzt wird, ist der „Liebesentzug". Wenn ein Mitarbeiter nicht mitziehen will, dann zeigen Sie ihm doch einmal, dass Sie mit ihm nicht zufrieden sind. Entweder durch Handlungen (nicht ständig für ihn erreichbar sein, seine Anfragen nicht immer zuerst erledigen usw.), besser aber noch durch die Ansprache des Themas:

Beispiel

„Herr X, wie würden Sie als Chef mit einem Mitarbeiter umgehen, der sich nicht entwickeln will?" *(Pause)*

Diese und viele weitere guten Fragen, die Ihnen helfen, solche Gespräche zu gestalten, finden Sie im 2. Kapitel dieses Buches.

Zum Thema Konsequenzen möchte ich Ihnen noch ein Beispiel geben:

Beispiel

In den achtziger Jahren wollte ein österreichischer Fußballverein groß „aufrüsten" und holte sich dafür einen Trainer, der im Jahr davor mit dem Hamburger SV deutscher Meister geworden war. Dann wurde noch ein Top-Star aus der deutschen Bundesliga engagiert, und alle hofften nun auf den Meistertitel. Der Top-Star kam zweimal hintereinander zu spät zum Training und musste als Konsequenz dafür zwei Monate lang auf der Ersatzbank sitzen. Der Trainer ist mit seiner Mannschaft trotzdem österreichischer Meister geworden.

1.1.8   Unternehmensziele mittragen

Als Führungskraft sind Sie erster Ansprechpartner der Verkäufer und die Schnittstelle bei der Verankerung von Unternehmenszielen in Ihrer Vertriebseinheit. Erste Voraussetzung dafür ist, dass Sie selbst dahinter stehen.

▶   Nur wer selbst gekauft hat, kann anderen etwas verkaufen.

Oft beobachtet man aber, dass Führungskräfte mit ihren Verkäufern „mitheulen", dass diese strategische Maßnahme ja so nicht umsetzbar oder das neue Produkt bei den Kunden nicht verkaufbar sei. Ich habe solche Situationen schon in vielen Seminaren mit Führungskräften aus den unterschiedlichsten Unternehmen erlebt. Wenn wir uns gemeinsam die Mühe gemacht haben, uns mit der „Maßnahme" oder dem „Produkt" genauer zu beschäftigen, haben wir fast immer zahlreiche Vorteile für die Verkäufer und/oder die Kunden entdeckt. Der nächste Schritt muss dann darin bestehen, den Mitarbeitern diese Vorteile zu verkaufen. Dafür müssen im Vorfeld die richtigen Fragen ausgewählt und später auch gestellt werden.

1.1.9 Keine Kompromisse bei der Mitarbeiterauswahl

Der Mitarbeiterausbau ist für Führungskräfte im Vertrieb immer ein heißes Thema. Es gibt viele mögliche Gründe, warum Sie neue Verkäufer benötigen. Vielleicht geht ein Mitarbeiter in Rente und muss sogar durch mehrere junge Mitarbeiter ersetzt werden, weil der Kundenbestand, den er aufgebaut hat, so groß geworden ist. Sicher haben Sie auch so manchen „weißen Fleck" auf der Landkarte Ihres Vertriebsgebiets. Vielleicht ist es auch an der Zeit, einen Mitarbeiter, der nicht mitzieht, zu ersetzen. Oder wollen Sie die Anzahl Ihrer Verkäufer vergrößern, weil eines der Unternehmensziele der „Mitarbeiterausbau" ist?

Was auch immer für Sie der Grund ist, neue Mitarbeiter zu finden, ich wette mit Ihnen, dass Ihnen mögliche Bewerber gegen Jahresende hin immer attraktiver vorkommen, wenn es darum geht, Ihr Ziel bezüglich des Mitarbeiterausbaus zu erreichen. Leider werden bei der Auswahl von Bewerbern zu oft Kompromisse geschlossen. Viel zu oft sagt uns unser Bauchgefühl, dass dieser Bewerber nicht wirklich seinen Weg machen wird, und viel zu oft haben wir ihn trotzdem ausgewählt und uns damit Probleme geschaffen.

▶   Ein Mitarbeiter, der **vielleicht** für den Job geeignet ist, verbraucht in der Einarbeitungszeit genauso viel Ihrer Energie wie ein Mitarbeiter, der **sicher** für den Job geeignet ist.

Ich habe schon viele Bewerbungsgespräche erlebt, in denen ich das Gefühl hatte, dass sich das Unternehmen den Wünschen des Kandidaten anpassen soll, nicht umgekehrt. Wenn Sie wirklich gute Leute auswählen wollen, muss die Liste der möglichen Kandidaten entsprechend lang sein. Verwenden Sie daher einen angemessenen Teil Ihrer Arbeitszeit dafür, dass immer genügend Menschen auf dieser Liste stehen.

1.2   Die Fragen- und Pausentechnik effektiv einsetzen

Das Wort *Technik* ist in dieser Überschrift ganz bewusst hervorgehoben. Bei den Seminaren und beim Coaching von Führungskräften vor Ort stelle ich immer wieder fest, wie mangelhaft die Gesprächstechnik, genauer gesagt, die Fragen- und Pausen*technik*, ausgeprägt ist. Wenn ich Seminarteilnehmer frage, woran man eine gute Führungskraft erkennt, kommen meist folgende Antworten: „Eine gute Führungskraft hat Charisma", „eine gute Führungskraft kann motivieren", „eine gute Führungskraft steht zu ihren Mitarbeitern".

Diese und ähnliche Aussagen sind natürlich richtig, bezeichnen aber nur eine Seite der Medaille. Natürlich sind soziale Fähigkeiten die Grundvoraussetzung dafür, dass Führungsprozesse erfolgreich ablaufen können. Dass dafür aber ein Handwerkszeug benötigt wird, das genau beschrieben und erlernt werden kann (die richtigen Fragen stellen), ist noch nicht im Bewusstsein verankert. Leider wird von Unternehmensseite oft zu wenig getan, um diese handwerklichen Fähigkeiten bei ihren Führungskräften zu entwickeln. Unternehmen verlangen von ihren Führungskräften, ständig an unterschiedlich großen Schrauben zu drehen, um Entwicklungen zu ermöglichen. Die Werkzeuge dafür werden aber selten mitgeliefert.

Wenn Sie ein Seminar eines so genannten „Gurus" besucht haben, gehen Sie wahrscheinlich hochmotiviert aus dem Vortragssaal. Sie wollen schnellstmöglich Ihre neu gewonnene Energie in Ihre Führungsprozesse einfließen lassen. Schon bald bemerken Sie dann, dass sich der gewünschte Erfolg nicht einstellt. Sie haben zwar Ihre Einstellung verändert, jedoch die Werkzeuge für die Umsetzung nicht mitgeliefert bekommen.

Als Trainer sehe ich es als meine Aufgabe an, meinen Seminarteilnehmern zu zeigen, wie sie erfolgreich mit den entsprechenden Werkzeugen (Fragen und Pausen) arbeiten können. Denn:

▶   Wer mit guten Fragen und Pausen arbeitet, erreicht in der Hälfte der Zeit die doppelte Wirkung!

Es geht darum, die Präzision der Fragen ständig zu verbessern. Im deutschen Sprachgebrauch handelt es sich dabei meist um „W-Fragen", die die Gespräche sowohl verdichten als auch beschleunigen. Ob Sie „die richtige Frage" gestellt haben, erkennen Sie sofort an der Reaktion des Gegenübers. Wenn Sie erreichen möchten, dass jemand auf die Uhr sieht, dann fragen Sie doch einfach, wie spät es ist. Wenn Sie erreichen wollen, dass ein Mitarbeiter das Produkt X verkauft, fragen Sie ihn doch, welche Vorteile er hat, wenn er beim Kunden das Produkt X anspricht.

Das Aneignen der richtigen Fragen für die unterschiedlichsten Führungssituationen ist ein Prozess, der natürlich nicht von heute auf morgen abgeschlossen werden kann. Die Fragen, die ich in den Seminaren stelle, werden im Laufe der Zeit immer präziser und lösen die gewünschte Betroffenheit aus.

„Ich bin der Fragensteller!" Mit diesen Worten habe ich mich schon sehr oft in Führungsseminaren vorgestellt. „Ich bin überzeugt davon, dass man mit guten Fragen und Pausen im Verkaufs- und Führungsprozess viel mehr erreichen kann als mit ständigen Präsentationen und Erklärungen."

Die Teilnehmer nicken meist zustimmend, so als würden sie in ihren Führungsgesprächen nichts anderes tun. Als Nächstes stelle ich reihum die Frage, wie die Teilnehmer den Redeanteil in ihren Führungsgesprächen in Prozenten einschätzen würden. Die Zahlen der Teilnehmer sind immer über 50, nicht selten ist auch mal die Zahl 80 dabei. An dieser Stelle wird in den Seminaren immer geschmunzelt, die meisten fühlen sich ertappt.

In der ersten halben Stunde zeige ich, wie schnell man mit guten Fragen einen Prozess beschleunigen kann. Ich spreche dabei jeden Teilnehmer mit bestimmten Fragen so lange an, bis ein Problemkern herausgearbeitet worden ist. Das sieht dann folgendermaßen aus:

Beispiel 1

Trainer: „Herr D, wie viele Verkaufstermine führen Ihre Verkäufer im Schnitt in einer Woche durch?"

Herr D: „Das ist ganz unterschiedlich. Es gibt natürlich bessere und schlechtere. Im Schnitt würde ich sagen sind es sechs Termine pro Verkäufer."

Trainer: „Sind Sie mit dieser Terminfrequenz zufrieden?"

Herr D: „Nein, natürlich nicht!"

Trainer: „Wie viele Kundentermine in der Woche sollten Ihre Verkäufer Ihrer Ansicht nach durchführen?"

Herr D: „Na ja, zehn Termine sollten es schon sein!"

Trainer: „Wie lange wissen Sie schon, dass Ihre Verkäufer deutlich hinter Ihren Erwartungen liegen?"

Herr D: *(lächelt)* „Das weiß ich schon eine ganze Weile!"

Trainer: „Wann werden Sie etwas dagegen unternehmen?"

Danach ist eine gespannte Erwartungshaltung in der Gruppe spürbar. Manch einer überlegt sich wohl, welches Thema der Trainer mit ihm ansprechen wird und wie gut er sich dann rausreden kann. Ich stelle diese Fragen immer mit einem Lächeln. Denn es geht mir nicht darum, einen Teilnehmer vorzuführen, sondern darum, den Prozess zu beschleunigen und die Teilnehmer erleben zu lassen, wie es jemandem ergeht, der direkte Fragen gestellt bekommt, auf die dann eine Pause folgt.

In Fragen verpackt und mit einem freundlichen Lächeln kann man den Menschen so vieles sagen. Dagegen werden dieselben Inhalte als Aussagen formuliert als Vorwurf aufgefasst. Damit löst man beim Gegenüber Blockaden aus, anstatt einen Entwicklungsprozess einzuleiten.

Beispiel 2

Trainer: „Herr M, mit welchen Worten sprechen Ihre Mitarbeiter beim Kunden die Empfehlung an?"

Herr M: „Für zwei meiner Leute kann ich es genau sagen, die habe ich erst vor Kurzem zum Kunden begleitet. Was die anderen sagen, um eine Empfehlung anzusprechen, weiß ich nicht genau."

Trainer: „Herr M, wie wollen Sie denn Ihre Mitarbeiter entwickeln, wenn Sie nicht wissen, wie sie sich beim Kunden verhalten?"

Beispiel 3

Trainer: „Herr F, wie oft wird in den Verkaufsgesprächen in Ihrem Verkaufsgebiet das Produkt X angesprochen?"

Herr F: „Es gibt einige Verkäufer, die mit den Kunden regelmäßig darüber reden, andere sprechen das Produkt kaum an."

Abb. 1.1 Der erfolgreiche Verkaufsprozess

Einstellung der Verkäufer zu ihrem Beruf	1 ——————————I—— 10
Terminfrequenz	1 ——————————I———— 10
Motive des Kunden erheben	1 —————————I——— 10
Produkte präsentieren	1 ——————————I—— 10
Einwände des Kunden entkräften	1 ————————I———— 10
Abschluss einleiten	1 ————————I———— 10
Zusatzverkauf	1 ——————I———————— 10
Empfehlung einholen	1 —I———————————— 10

Trainer: „Wie viele Verkäufer sprechen das Produkt nicht an?"

Herr F: „Das ist schon gut die Hälfte meiner Mitarbeiter, also sieben."

Trainer: „Wer ist verantwortlich dafür, dass Ihre Verkäufer das Produkt X ansprechen?"

Herr F: „In erster Linie die Verkäufer selbst. Die bekommen auch die Provision dafür, wenn sie das Produkt verkaufen!"

Trainer: „Dies bedeutet also, dass Ihre Verkäufer tun und lassen können, was sie wollen, und Sie sehen dabei zu."

Herr F: „Meine Mitarbeiter sind selbstständige Handelsvertreter, die lassen sich nicht so leicht sagen, was sie tun sollen!"

Trainer: „Wozu brauchen wir dann Führungskräfte, wenn sie sich nicht für die Entwicklung ihrer Verkäufer verantwortlich fühlen?"

Die letzte Frage klingt hart und löst im Seminar auch immer betroffene Blicke aus. Die Aussage, die hinter der Frage steht, ist aber die reine Wahrheit.

Führungsarbeit heißt, einen Mitarbeiter an einem bestimmten Punkt X abzuholen und ihn zu einem anderen Punkt Y hin zu entwickeln. Das erfordert eine intensive Auseinandersetzung mit den Fähigkeiten des Verkäufers, die praktisch nie endet.

Mehr oder weniger gut sind Verkäufer von alleine. Die Führungsarbeit rechnet sich nur, wenn klar messbare Entwicklungen erreicht werden.

Wer fragt, der führt. Dies ist natürlich nichts Neues, aber kaum jemand tut es. Es gilt, beim Verkaufen, beim Führen und im Training so gute *Fragen* zu stellen und danach die *Pause* abzuwarten, ob das Gegenüber genau das tut bzw. denkt, was wir beabsichtigen. Ein einfaches **Beispiel**:

• Wenn ich will, dass Herr M auf seine Uhr blickt, muss ich ihn fragen, wie spät es ist. Und (fast) jeder Mensch hebt seinen linken Arm (manche auch den rechten) und blickt auf die Uhr.
• Wenn ich will, dass sich der Mitarbeiter darüber im Klaren ist, was passiert, wenn er die Rentenvorsorge bei seinen Kunden nicht anspricht, muss ich ihm eben die entsprechende Frage stellen.
• Und wenn ich wissen will, wie eine Finanzierung aussehen soll, die genau zu diesem Kunden passt, muss ich ebenfalls nur diese eine Frage stellen (plus Nachfragen) und erspare mir einige Minuten sinnlose Präsentation.

Fragen sind ein großartiges Hilfsmittel. Sie sprechen das jeweilige Problem auf eine Art und Weise an, die jeder akzeptiert. Fragen darf man alles. Wichtig ist jedoch, dass die Pause danach eingehalten wird.

Beispiel

Stellen Sie dem Mitarbeiter aus der Finanzdienstleistungsbranche, der Bausparen und Baufinanzierung beim Kunden anspricht, aber keine Rentenvorsorge verkauft, folgende Fragen:

• „Wie geht es Ihnen damit, wenn Ihre Kunden ihre Rentenversicherung woanders kaufen müssen?" *(Pause)*

* „Wer ist verantwortlich dafür, dass Ihre Kunden in Sachen Rentenvorsorge keine Sorgen haben?" *(Pause)*

Oder ganz gemein:

* „Wie viele Kunden haben Sie?" *(Pause)*
* „Was glauben Sie, wie viele davon in den nächsten zwei Jahren irgendwo in Deutschland eine Riester-Rente kaufen werden?" *(Pause)*
* „Was muss passieren, damit diese Kunden die Rentenversicherung bei Ihnen abschließen?" *(Pause)*

Das Feilen an der Fragen- und Pausentechnik hat sich als das wichtigste Entwicklungsfeld meiner Seminarteilnehmer herausgestellt, denn in den Übungsgesprächen werden immer noch zu wenig Fragen gestellt. Und wenn doch, dann sind diese oft nicht präzise genug formuliert, sodass sich der Fragesteller genötigt fühlt, ein bis zwei weitere Fragen „nachzuschießen". Doch dann weiß der Gefragte nicht mehr, welche Frage er jetzt beantworten soll, und die beabsichtigte Wirkung ist wieder nicht erzielt worden.

Genauso wenig sinnvoll ist es, einen Redeschwall loszulassen. Denn:

▶ Alles, was man erzählen kann, kann man auch in Frageform zum Thema machen.

Die Frageform ist aber um ein Vielfaches wirkungsvoller, wenn man das Gegenüber zur Mitarbeit anregen will.

Interessant ist, dass wir das Fragenstellen schon einmal ganz prima gekonnt haben. Als kleine Kinder haben wir unseren Eltern ein „Loch in den Bauch" gefragt. Irgendwann haben wir dann von den Erwachsenen gehört, dass wir doch endlich mit dem Fragenstellen aufhören sollten. In der Schule haben wir dann schnell gemerkt, dass es dort nicht um *Fragen,* sondern um *Antworten* ging.

Schritt für Schritt wurde der kleine Fragensteller in uns kaputt
gemacht und vom Produktpräsentator ersetzt.

Wir erleben im täglichen Leben kaum Fragensteller. Wer einen
Fernseher kaufen will, wird in den meisten Geschäften (sofern
ein Verkäufer überhaupt Zeit hat) so sehr mit Fachwissen über-
rumpelt, dass er sich am Schluss gar nicht mehr zurechtfindet.

Überall und ständig wird referiert und präsentiert. Wer eine
gute Führungskraft werden will, muss sein Gesprächsverhalten
radikal ändern. Es geht darum, den eigenen Redeanteil im Führungsgespräch drastisch zu senken und sich darin zu üben, immer
bessere Fragen zu stellen und die Pausen danach auszuhalten. Die
Qualität einer Frage erkennen Sie daran, ob Sie mit der Antwort
etwas anfangen können oder nicht.

Folgendes **Beispiel** aus meinem Privatleben möchte ich Ihnen
nicht vorenthalten:

Beispiel

Mein Sohn Mattias (14 Jahre) hatte auf eine Klassenarbeit in
Mathematik eine negative Beurteilung bekommen. Da aber die
Winterferien anstanden, wollte er uns das nicht mitteilen, damit er in den Ferien nicht ständig von uns genervt würde. So
sagte er einfach, die Arbeit würde erst nach den Ferien zurück-
gegeben werden. Wir gaben uns vorerst mit dieser Aussage zufrieden.

Zufällig trafen wir ein paar Tage später die Mutter einer
Klassenkameradin unseres Sohnes, die uns erzählte, dass ihre
Tochter und unser Sohn in Mathematik ein Ungenügend erzielt
hätten. „Charly, mach was!", sagte meine Frau zu mir. Ich sah
Mattias draußen im Garten beim Spielen und zeigte ihm deutlich, dass er schleunig ins Haus kommen sollte. Er trabte sofort
an, und sein Blick sagte mir, dass er schon ahnte, was da auf
ihn zukam:

Vater:	„Mattias, was glaubst du, was ich jetzt mit dir besprechen will?" *(Pause)*
Mattias:*(mit zaghafter Stimme)*:	„Wahrscheinlich die Mathematikarbeit."
Vater:	„Wie würdest du dich fühlen, wenn dich dein Sohn belügt?" *(Pause)*
Mattias:	„Es würde mir nicht gut gehen!"
Vater:	„Was glaubst du, welche Strafe du verdient hast?" *(Pause)*
Mattias: (Medienpause heißt in unserer Familie:	„Zwei Wochen Medienpause." kein Fernseher, Computer, Gameboy usw.)
Vater:	*(lächelnd)* „Na ja, so schlimm war es auch wieder nicht. Machen wir drei Tage."

1.2.1 Die Pause nach der Frage

▶ Trainer:„Herr V., wer ist verantwortlich dafür, dass Ihre Mitarbeiter ihre Umsatzziele erreichen?" *(Pause!)*

Es ist still im Raum. Ich sehe dem Gefragten in die Augen und zähle im Geiste langsam bis vier. Der Druck, der in meinem Gesprächspartner aufgebaut wird, ist förmlich zum Greifen. Ich kann mir gut vorstellen, was in ihm jetzt vorgeht. Er ist betroffen, ihm wird bewusst, dass er seinen Job bisher nicht wirklich gut gemacht hat. Er versucht, sich Ausreden zurechtzulegen, er spürt körperliche Schmerzen in der Magengegend.

Als Fragensteller könnte ich die Situation mit einem „Weichmacher" entschärfen. Ich könnte ja einfach sagen, dass ich es so nicht gemeint habe und dass ich ihn nicht so betroffen machen wollte. Ich schweige aber weiter, weil das wohl eine der

wichtigsten Lernsituationen im Seminar ist. Jetzt wird den Teilnehmern klar, wie deutlich Entwicklungssituationen durch gute
Fragen und Pausen angesprochen werden können und wie wenig
man sich gegen diesen Erkenntnisprozess wehren kann. Mit dieser Methode wird die Einsicht erzeugt, dass sich etwas verändern
muss, und das ist die Grundlage für jeden Entwicklungsprozess.

Auf Großveranstaltungen habe ich meinen Vortrag schon mehrmals mit einer *Pause* begonnen. Ich habe mich einfach vor den
Teilnehmern auf die Bühne gestellt und habe nichts gesagt. Schon
nach wenigen Sekunden geht dann ein Raunen durch die Menge.
Die meisten Menschen können es schwer aushalten, dass im Augenblick „nichts" passiert. Die *Pause* erzeugt Handlungsdruck.
Es dauert nicht lange, bis die mutigsten Teilnehmer irgendetwas
rufen. Bald entsteht dann kollektives Lachen, um die Anspannung
in dieser Situation abzubauen.

Wenn ich schließlich das Wort ergreife, mache ich den Teilnehmern bewusst, dass sie in dieser Anfangsminute schon die größte
Lektion des ganzen Vortrags gelernt haben: Sie wurden durch die
unerwartete Pause zu Aktivität angeregt. Genauso verhält es sich
im Führungsgespräch. Nur durch die Pause nach der Frage geht
die Handlungskompetenz an das Gegenüber. Er denkt selbst nach,
er unterbreitet selbst Vorschläge, er bietet Handlungsvereinbarun-
gen an. Dann hat aber *er* die Kernaussagen des Gesprächs geliefert und wird sich viel eher an die Umsetzung machen, als wenn
die Führungskraft erklärt hätte, was er tun soll und was nicht.

Verkauft wird nur durch Fragen und Pausen. Ein Führungsgespräch ist nichts anderes als ein Verkaufsgespräch. Der Mitarbeiter muss erkennen, welche Vorteile er hätte, wenn er bestimmte
Verhaltensweisen an den Tag legt bzw. welche Nachteile er hätte,
wenn er sein Verhalten nicht ändert. Ihre Aufgabe ist dabei, Ihr
Gegenüber zu spiegeln. Der Mitarbeiter erkennt sein augenblick-
liches Verhalten und sieht die Vorteile, die eine Verhaltensänderung mit sich bringen würde.

Seminarteilnehmer fragen mich oft, was sie denn tun sollen, wenn eine Pause in einem Mitarbeitergespräch „ewig" lange andauert. Ich kann Sie beruhigen, das kommt selten vor. Sollte die Pause einmal wirklich lange andauern, hilft es meist, die Frage zu wiederholen.

1.2.2   Entwicklung zum Fragensteller

Eine Entwicklung in Gang zu setzen, die zu erfolgreichen Verkaufs- und Führungsprozessen führt, heißt also, ein ganzes Unternehmen zu Fragenstellern zu machen und diese Kompetenz immer wieder zu üben und einzusetzen.

Für Führungsprozesse heißt das, dass die Mitarbeiter im Laufe der Zeit die Fragen erwarten und lernen, damit umzugehen. Auf diese Weise fällt es allen Beteiligten leichter, rasch und direkt in konkrete Entwicklungsprozesse einzutreten.

Für Verkaufsprozesse bedeutet dies somit, dass die Motivlage des Kunden fundiert analysiert wird. Ein Nebeneffekt ist, dass alle Beteiligten unglaublich viel Zeit sparen. Und Zeit ist ja bekanntlich ein kostbares Gut, das immer knapper wird. Doch denken Sie immer daran:

▶   Die beste Frage verliert ihre Wirkung, wenn Sie die Pause danach nicht aushalten!

1.3   Den Verkaufsprozess erfolgreich gestalten

Welche Kriterien für einen erfolgreichen Verkaufsprozess wichtig sind, hängt davon ab, was in Ihrem Unternehmen verkauft wird und in welchen Strukturen die Verkaufsprozesse stattfinden. Sie sind also unternehmensspezifisch. Es gibt aber auch eine Reihe von Bedingungen, die überall dort, wo verkauft wird, ähnlich ausgeprägt sind.

Meine Erfahrungen als Trainer in den Branchen Versicherung, Finanzdienstleistung/Bank, Touristik, Pharma, Sportartikel, Immobilien und weiteren Dienstleistungen haben mir gezeigt, dass Stärken und Entwicklungsfelder der Verkäufer und Führungskräfte im Vertrieb überall ähnlich ausgeprägt sind. Auch die Grundlagen der Verkaufsprozesse kann man weitestgehend von einer auf die andere Branche übertragen. Die besonderen Erfordernisse einer Branche bzw. eines bestimmten Unternehmens müssen dann noch ausgearbeitet und eingefügt werden.

Zu Beginn von Führungsseminaren schreibe ich die Kriterien eines erfolgreichen Verkaufsprozesses auf ein Flipchart. Die Schlagworte werden erläutert. Vier Teilnehmer kommen nacheinander ans Flipchart und kreuzen auf einer Skala von 1 bis 10 an, wie gut oder schlecht sie im Durchschnitt ihre Verkäufer zu den einzelnen Kriterien einschätzen. 10 ist dabei die beste Bewertung.

Das auf allen Seminaren nahezu deckungsgleiche Ergebnis sieht wie in Abb. 1.1 dargestellt aus.

Wenn das Ergebnis auf dem Flipchart steht, dann kehrt im Seminarraum meist Ruhe ein. So „schwarz auf weiß" haben die Führungskräfte die Entwicklungsfelder ihrer Verkäufer wohl noch nicht gesehen.

Betroffenheit macht sich oft breit, weil ja die jeweiligen Führungskräfte *ihre* Mitarbeiter eingeschätzt haben. Für die Entwicklung dieser Verkäufer ist nicht ein Herr XYZ zuständig, sondern die anwesenden Seminarteilnehmer. Auf meine Frage, was die Auswertung aussagt, erhalte ich meist folgende Antworten:

- „Das Potenzial wurde bisher kaum genutzt."
- „Mit Ausnahme der Kriterien Einstellung und der Präsentationstechnik haben wir lauter Baustellen vor uns."
- „Die technischen Fähigkeiten der Verkäufer sind mangelhaft ausgeprägt."

- „Aus den Terminen könnte mehr Geschäft herausgeholt werden."
- „Die Arbeit der Führungskräfte ist verbesserungsfähig."
- usw.

Wichtig für den begonnenen Erkenntnisprozess ist, dass sich die Teilnehmer selbst am Flipchart eingeschätzt hatten. Die Analyse des Fragebogens erfolgt ebenfalls durch den Teilnehmerkreis und nicht durch den Trainer. Auf diese Weise ist ein echter Erkenntnisprozess entstanden, auf den in der weiteren Arbeit mit der Seminargruppe gut aufgebaut werden kann.

Wie sehen nun die einzelnen Punkte im Detail aus?

1.3.1   Einstellung der Verkäufer zu ihrem Beruf

Die richtige Einstellung zum Job ist in kaum einem anderen Beruf ein so wichtiges Erfolgskriterium wie eben im Beruf des Verkäufers. Verkaufen ist nach wie vor allem ein Beziehungsgeschäft. Der Kunde muss das Gefühl haben, dass kein anderer seine Probleme so gut löst wie *sein* Berater von *seiner* Bank. Weil er sich dort so gut beraten fühlt, ist er bereit, auch einmal einen höheren Preis zu bezahlen als bei den Mitbewerbern.

Die richtige Einstellung zum Job muss der Verkäufer selbst mitbringen. Als Führungskraft sind Sie dafür zuständig, ein Spielfeld zu schaffen, in dem es dem Verkäufer möglich ist, gut zu arbeiten. Ihr Job ist es, Entwicklungsfelder des Verkäufers zu orten und Entwicklungsschritte einzuleiten. Sie können aber nicht ständig der Motivator Ihrer Verkäufer sein. Motivation von außen wird auf lange Sicht hin unwirksam. Wenn das Feuer für diesen Job nicht im Verkäufer selbst brennt, dann haben noch so aufwändige Motivationsversuche keinen Sinn.

Auch wenn die Bewertung der Einstellung der Verkäufer zu ihrem Beruf (siehe Flipchart) im „grünen Bereich" liegt, sollten

Sie als Führungskraft wachsam sein und gegebenenfalls Korrekturen einleiten.

1.3.2 Terminfrequenz

Beim Thema Termine und Terminvereinbarungen kommen meist verhältnismäßig unklare Antworten. Hier ein Beispiel:

Beispiel

Trainer: „Herr M, wie viele Verkaufstermine wickeln Ihre Mitarbeiter in einer Arbeitswoche ab?"

Herr M: „Das kann ich schwer sagen… Sicher zu wenige… Im Durchschnitt werden es wohl fünf bis acht Termine sein!"

Trainer: „Sind Sie mit dieser Anzahl zufrieden?"

Herr M: „Nein, natürlich nicht."

Trainer: „Mit welcher Terminzahl wären Sie denn zufrieden?"

Herr M: „Ich denke, acht bis zwölf Termine sollten es schon sein."

Trainer: „Was denn nun, acht oder zwölf?"

Herr M: „Na, dann sage ich zehn."

Trainer: „Gut, also zehn. Was muss denn passieren, damit Ihre Mitarbeiter in jeder Arbeitswoche zehn Kundentermine haben?"

Herr M: „Die Mitarbeiter müssten so lange telefonieren, bis zehn Termine im Kalender stehen."

Trainer: „Und wer ist dafür verantwortlich?"

Herr M: „In erster Linie der Mitarbeiter selbst!"

Trainer: „Wozu benötigen wir dann eine Führungskraft?"

Herr M: *(lächelt)* „Ich weiß ja, worauf Sie hinauswollen!"

An diesem Beispiel wird schnell klar, dass die Regeln, nach denen in einem Vertriebsgebiet gearbeitet werden soll, oft nur sehr mangelhaft umrissen sind. Doch was nicht klar vereinbart ist, kann später auch nicht eingefordert werden.

Für die Terminvereinbarung bedienen sich Verkäufer übrigens zunehmend der Dienste von Büroangestellten oder eines Call Centers. Mit der Ausrede, keine Zeit zu haben, versucht man, eine der größten roten Linien im Verkauf zu umgehen. Wenn es klappt und hochkarätige Termine vereinbart werden, ist dies in Ordnung. Doch die Realität sieht oft anders aus.

Ich würde nie jemand anderen Termine für meine Verkaufsgespräche vereinbaren lassen. Ich kenne mein Geschäft selbst immer noch am besten und kann damit auch am besten auf Kundenfragen und Kundeneinwände reagieren. Immer wieder tauchen in Telefonaten Gesprächssituationen auf, die niemand besser meistern kann als der Verkäufer selbst. Voraussetzung dafür ist natürlich eine fundierte Vorbereitung, das Einsetzen „pfiffiger" Ansprachen und auch, dass der Verkäufer gegen die (immer wieder gleichen) Kundeneinwände gewappnet ist.

Die Telefonakquise ist deswegen die größte rote Linie von Verkäufern, weil dabei das „Nein" des Kunden öfters vorkommt und wir das Nein als Ablehnung unserer Person empfinden, was es natürlich keineswegs ist. Der Kunde will eben zu diesem Zeitpunkt mit uns über dieses Produkt nicht reden – warum auch immer. Dabei ist es vollkommen gleichgültig, ob der Anrufer Maier, Müller oder Herndl heißt.

Das „Nein" gehört zum Job des Verkäufers dazu. Es geht nicht darum, immer ein „Ja" zu bekommen, es geht darum, „es" so oft zu tun, bis in Summe genügend „Ja" dabei herausgekommen sind.

Wenn 30 Bestandskunden auf einer Liste stehen, dann können in der Telefonakquise zwischen 17 und 19 Uhr vielleicht 20 Kunden erreicht werden. Und davon werden acht bis zwölf Kunden einem persönlichen Gespräch mit uns zustimmen. Wichtig ist, dass Ihre Verkäufer einen sinnvollen Umgang mit den „Nein" lernen.

Wie wäre es, sich zu sagen: „Großartig, drei ‚Nein' habe ich schon abgeholt. Jetzt kommen nur noch acht auf mich zu."

In meinen Seminaren erzähle ich gerne folgendes Beispiel.

Beispiel

Trainer: „Herr M, stellen Sie sich vor, es gibt ein Fußballspiel zweier gleichwertiger Mannschaften. Kurz vor Schluss steht es noch Null zu Null. Nun kommen Sie auf den Platz und dürfen einen Elfmeter schießen. Was geht in Ihnen vor?

Herr M: „Wahrscheinlich werde ich sehr nervös."

Trainer: „Gut, gehen wir davon aus, Sie dürfen fünfmal antreten. Wie geht es Ihnen dann?"

Herr M: „Dann bin ich gar nicht nervös. Einer von fünf Elfmetern geht sicher ins Tor!"

Das Beispiel macht deutlich, wie man das „Nein" zum Freund machen kann. Denn trotz des „Nein" stellt sich der Erfolg auf jeden Fall ein, wenn man „es" oft genug tut.

Die Fragen zu Beginn dieses Abschnitts haben gezeigt, dass die Terminanzahl in sehr vielen Verkaufsgebieten mangelhaft ist. So lange mit den Verkäufern keine genaue und verbindliche Anzahl von Kundenterminen in der Woche vereinbart wird und die Führungskräfte sich für die Umsetzung auch nicht verantwortlich fühlen, brauchen wir uns nicht zu wundern, wenn sich nichts ändert.

▶   Ihre Aufgabe als Führungskraft ist es, mit den Verkäufern eine Mindestanzahl von Terminen konkret festzulegen und die Erreichung der vereinbarten Zahl ständig zu überprüfen.

1.3.3   Motive des Kunden erheben

Zur Vorbereitung einer Seminarreihe begleitete ich einen guten Verkäufer zu einem Bestandskunden. An diesem Tag sollte eine Finanzierung besprochen werden. Der Smalltalk war erledigt, nun stand dem Gespräch zum eigentlichen Thema Finanzierung nichts mehr im Wege. Jetzt wäre es an der Zeit gewesen, eine gute Frage zu stellen.

Beispiel

„Herr Kunde, was erwarten Sie von einer guten Finanzierung?"
Oder:
„Herr Kunde, wie muss eine Finanzierung aussehen, die genau zu Ihnen passt?"

Doch statt Fragen zu stellen, begann der Verkäufer mit einer Präsentation. Er beschrieb fast eine Viertelstunde lang mehrere Varianten von gängigen Finanzierungsmodellen. Wenn er die angeführten Einstiegsfragen gestellt hätte, wäre ihm aufgefallen, dass zwei der Varianten unpassend sind.

Führungskräfte wissen zwar oftmals, dass ihre Mitarbeiter in der Erhebungsphase viel zu wenig mit Fragen und Pausen arbeiten. Doch dass sie auch für diesen Entwicklungsschritt ihrer Mitarbeiter verantwortlich sind, ist den meisten noch nicht bewusst.

Beispiel

Trainer:	„Herr P, denken Sie bitte einmal an irgendeinen bestimmten Mitarbeiter aus Ihrem Team!"
Herr P:	„Ja, ich habe einen ausgewählt."
Trainer:	„Herr P, mit welchen Fragen eröffnet dieser Mitarbeiter die Motivforschung zum Thema Finanzierung?"
Herr P:	„Das kann ich Ihnen nicht genau sagen!"

Trainer: „Wie wollen Sie denn jemanden entwickeln, wenn
Sie nicht genau wissen, wo seine Entwicklungsfelder sind?"

▶   Es ist Ihre Aufgabe, mit den Mitarbeitern passende Fragen
für die Erforschung der Kaufmotive der Kunden zu erarbei-
ten und zu trainieren.

1.3.4 Produkte präsentieren

Die Fähigkeit von Verkäufern, Produkte zu präsentieren, wird
von den Führungskräften immer als sehr gut eingeschätzt. Meine
Erfahrungen mit Verkäufern bestätigen dies. In zahlreichen Gesprächssituationen, die wir in den Verkaufsseminaren auf Video
festhielten, gab es immer wieder ähnliche Situationen. In der Phase der Motivfindung, in der es darum ging, mit der Fragetechnik
zu arbeiten, wirkten Verkäufer oft angespannt. Der Beobachter
erkannte sofort, dass ihnen noch die Praxiserfahrung fehlt. Sobald es dann aber an der Zeit war, ein Produkt zu präsentieren,
änderte sich die Situation schlagartig: Der Verkäufer entspannte
sich, rückte mit dem Oberkörper nach vorn und präsentierte die
Vorteile des Produkts so sicher, wie er es auch in der Praxis beim
Kunden schon oft getan hatte.

Achten Sie darauf, dass Sie den Redeschwall Ihrer Verkäufer
bremsen. Zu Beginn eines solchen Veränderungsprozesses stehen
(natürlich) wieder gute Fragen. Beispiel:

Beispiel

Führungskraft: „Herr O, wie hoch würden Sie Ihren Redeanteil in Ihren Verkaufsgesprächen in Prozenten
einschätzen?" *(Pause)*

▶ Machen Sie den ersten Schritt und reduzieren Sie Ihren Redeanteil in den Führungsgesprächen.

1.3.5 Einwände des Kunden entkräften

Die Einwände der Kunden, warum sie nicht abschließen wollen, sind im Großen und Ganzen immer wieder dieselben. Sie wollen noch überlegen, sie wollen vergleichen, das Produkt ist ihnen zu teuer. Die Verkäufer reagieren dann oft mit Ratlosigkeit. Will der Kunde überlegen, dann wird meist ein neuer Termin vereinbart. Dabei könnte ein neuer Termin, der wieder immens viel Zeit in Anspruch nimmt, oft elegant vermieden werden.

Das nun folgende Beispiel stammt aus einem Verkaufsgespräch zum Thema Rentenvorsorge. Der Kunde weiß genau, worum es geht, er hat sein Kaufmotiv gefunden. Er weiß, dass er 100 € im Monat an Prämie zahlen muss, um einen bestimmten Betrag an Rente ausbezahlt zu bekommen. Der Verkäufer kann auf den Einwand des Kunden folgendermaßen eingehen:

Beispiel

Kunde: „Ich möchte noch ganz gerne vergleichen. Ich werde mich erkundigen, welche Angebote Ihre Mitbewerber zu bieten haben."

Verkäufer: „Was wollen Sie denn genau vergleichen?"

Kunde: „Ich möchte vergleichen, wie viel Rente ich bei einer monatlichen Einzahlung von 100 Euro bei Ihren Mitbewerbern ausbezahlt bekomme."

Verkäufer: „Herr Kunde, diesen Weg kann ich Ihnen sparen. Rentenzahlungen beruhen auf Schätzungen. Niemand kann genau sagen, was in 30 Jahren an Gewinnen zur Verfügung stehen wird. Unser Unternehmen ist bekannt für vorsichtige Schät-

zungen. Wir haben in den letzten Jahren immer
noch mehr ausbezahlt, als versprochen wurde…"

► Als Führungskraft sind Sie dafür verantwortlich, dass die
  Mitarbeiter bei Kundeneinwänden entsprechende Entgegnungen parat haben!

1.3.6   Den Abschluss einleiten

Verkäufer erkennen meist, wann der Kunde für den Abschluss
reif ist. Der Kunde zeigt Kaufsignale, wenn er detaillierte Fragen
zum Produkt stellt, positive Äußerungen tätigt oder einfach nur
näher an den Verkäufer heranrückt. An dieser Stelle wird dann
auch oft eine Abschlussfrage gestellt:

Beispiel

Verkäufer: „Herr Kunde, wollen wir das nun so machen?"
             (Pause)

Wenn der Kunde darauf aber nicht gleich „wie aus der Pistole
geschossen" antwortet, sagen Verkäufer sofort: „Oder haben Sie
noch Fragen?" Diese Frage führt zu einer Verunsicherung des
Kunden. Plötzlich fallen ihm dann natürlich noch Fragen ein, und
der Abschluss rückt wieder in weite Ferne. Diese geschilderte Situation ruft bei den Vorgesetzten meist Heiterkeit hervor. Nach
dem Motto „Trainer, Sie haben ja Recht, genau so läuft das in der
Praxis!" Doch die Situation ist in Wahrheit sehr ernst.

► Es ist Ihre Aufgabe, den Erfolg der Abschlussphase
  sicherzustellen.

1.3.7   Zusatzverkauf

Die Aktivitäten bezüglich des Zusatzverkaufs werden in der Einschätzung durch die Führungskräfte ebenfalls sehr schlecht bewertet. Das entspricht auch den Tatsachen. Zu oft fahren Verkäufer wegen des Abschlusses eines Bausparvertrags zum Kunden, ohne weitere Sparten anzusprechen.

Wenn in einem Unternehmen mehrere Sparten angeboten werden, dann aus dem Grund, weil der Kunde all diese Produkte im Laufe seines Lebens irgendwo am Markt kauft. Nehmen wir ein Unternehmen, das sich auf Bausparen, Baufinanzierung, Rentenvorsorgen und Fondssparen spezialisiert hat. Dazu kommt dann häufig noch die Kooperation mit einer Bank, sodass auch Girokonten angeboten werden können. Nun würde man ja meinen, dass ein Verkäufer die Chance eines Kundentermins nutzt und in einem Gespräch mehrere Sparten anspricht. Er weiß ja, dass der Kunde alle diese Sparten sowieso irgendwo am Markt einkauft, aber eben nur bei *ihm*, wenn *er* darüber spricht. Er weiß auch, dass die Kundenbeziehung umso mehr abgesichert ist, je mehr Sparten er bei einem Kunden platzieren kann. Er weiß auch, dass der Kunde rasch von einem anderen Unternehmen „eingefangen" werden kann. Sobald eine Sparte in einem anderen Unternehmen abgeschlossen wurde, können andere Sparten folgen. Warum nimmt der Verkäufer diese Chance also nicht wahr?

Offenbar nimmt niemand Anstoß daran, wenn kein Cross-Selling erfolgt, zum anderen verfügt der Verkäufer oft nicht über das nötige „Handwerkszeug", um beispielsweise die Rentenvorsorge anzusprechen. Es ist aber so: Die Verkäufer lernen zwar die Vorteile und den Aufbau der Produkte bis ins kleinste Detail, die praktischen Fragen für den Verkauf werden aber kaum mitgeliefert und jedenfalls nicht ständig trainiert. Natürlich denkt der Verkäufer daran, die Rente anzusprechen, nachdem die Finanzierung verkauft worden ist. Jetzt müsste der Verkäufer sofort wie aus der Pistole geschossen die richtige Frage stellen:

Verkäufer: „Herr Kunde, jetzt haben wir die Finanzierung für Ihr schönes Haus unter Dach und Fach. Eine Frage habe ich noch an Sie: Wo haben Sie denn Ihre Rentenvorsorge abgeschlossen?" *(Pause)*

Wenn diese Frage nicht zum „automatisierten" Repertoire des Verkäufers zählt, wird er zwar an die Rente denken, aber an der „roten Linie" wieder umkehren und das Thema nicht ansprechen. Die Ausreden sind dann: „Der Kunde wollte nicht mehr", „der Kunde hatte keine Zeit" oder einfach „ich habe nicht daran gedacht".

▶   Sorgen Sie dafür, dass die Verkäufer für alle Unternehmenssparten einfache Einstiegsfragen parat haben. Sie müssen diese Fragen mit den Verkäufern immer wieder trainieren.

1.3.8 Empfehlung einholen

Nach Empfehlungen wird in den Verkaufsgesprächen einfach nicht gefragt. Da gibt es nichts zu beschönigen. Nicht umsonst bekommt diese Aktivität immer wieder die schlechteste Bewertung auf dem Flipchart. Das Thema „Empfehlung" ist bei den Verkäufern äußerst negativ besetzt. Man will sich nicht „anbiedern", die Kunden sollen nicht glauben, dass man zu wenig Kunden habe. Um eine Empfehlungen ansprechen zu können, ist es wichtig, dass ein entsprechender Satz automatisiert worden ist.

Verkäufer: „Herr Kunde, wie zufrieden waren Sie mit meiner Beratung?"

Kunde: „Ich war sehr zufrieden!"

Verkäufer: „Was hat Ihnen besonders gut gefallen?"

Kunde	„Ich hatte nicht das Gefühl, dass Sie mir unbedingt etwas ‚aufschwatzen' wollten."
Verkäufer	„Herr Kunde, was glauben Sie denn, wer aus Ihrem Bekanntenkreis von meiner guten Beratung profitieren könnte?" *(Pause)*

Wenn ein Verkäufer jedoch so viele Kunden hat, dass er gar nicht mehr weiß, wie er sie alle in seinem Terminplan unterbringen soll, dann hat es natürlich keinen Sinn, nach Empfehlungen zu fragen. Die umgekehrte Situation ist aber viel häufiger gegeben. Dann führt an der Frage nach der Empfehlung einfach kein Weg vorbei.

▶ Sie sind dafür verantwortlich, dass Ihre Mitarbeiter zum Thema Empfehlung einen passenden Satz parat haben und diesen regelmäßig in den Kundengesprächen einsetzen.

Wenn man sich die von den Teilnehmern bewerteten Aktivitäten ihrer Verkäufer am Flipchart ansieht, dann kann man Folgendes feststellen:

• Verkäufer machen den ganzen Tag lang, was sie wollen!

Und was noch schlimmer ist:

• Führungskräfte sehen dabei zu!

Diese Aussagen sind vielleicht etwas übertrieben, aber sie treffen ins Schwarze. Denn: In kaum einem anderen Beruf wird der Wert eines geplanten Ablaufs *und* einer ausgereiften Arbeitstechnik so sehr unterschätzt wie bei Verkäufern.
Wenn ein Pilot unstrukturiert arbeitet, stürzt er ab. Wenn ein Bäcker sich nicht an das Rezept hält, schmecken die Brötchen nicht. Und wenn sich ein Elektriker nicht an seinem Schaltplan orientiert, dann brennt eben kein Licht. Im Verkauf geht es immer irgendwie! Einmal werden in einer Woche fünf Termine realisiert,

einmal acht. Oft wird im Verkaufsgespräch nur eine Sparte angesprochen, selten zwei, und nach einer Empfehlung wird nur in
jedem zehnten Verkaufsgespräch gefragt.

Führungskräfte im Vertrieb geben sich zu schnell damit zufrieden, dass ihre Verkäufer nur einen Teil ihres Jobs beim Kunden
erledigt haben. Was würde wohl ein Tischlermeister zu seinem
Gesellen sagen, wenn dieser ihm einen Tisch mit drei statt vier
Beinen präsentieren würde? Wäre er damit zufrieden? Betrachten
Sie die Sache doch einmal so! Der erfolgreiche Verkaufsprozess
ist ebenso klar definiert wie das richtige Herstellen eines Tisches.
Und trotzdem haben Führungskräfte kein großes Problem damit,
wenn der Verkäufer beim Kunden wieder nur eine Sparte angesprochen hat.

Interessant ist auch, dass die Verkäufer ihre Stärken und Entwicklungsfelder selbst genau kennen. Ich habe genau dasselbe
Flipchart *„Der erfolgreiche Verkaufsprozess"* auch schon auf vielen Verkaufsseminaren eingesetzt. Und das Ergebnis war immer
sehr ähnlich wie im Führungsseminar.

Wie viel zusätzliches Geschäft könnte wohl mit einer fundier-
ten Arbeitstechnik realisiert werden? Wir haben unsere Verkäufer
in den letzten Jahren leider dazu „erzogen", dass wir im Großen
und Ganzen mit dem, was sie an Geschäft abliefern, zufrieden
sind. Wenn wir nun endlich den Vertrieb strukturiert zum Erfolg
führen wollen, wundern wir uns, wenn wir auf Widerstand treffen.

Natürlich ist es unbequem, sein Verkaufsverhalten, das sich
über Jahre hindurch eingeschliffen hat, nun plötzlich zu verändern. Dabei müssen die Verkäufer einige „rote Linien" überschreiten, und sie werden nur dazu bereit sein, wenn sie Vorteile
darin erkennen.

Sie müssen Ihren Verkäufern den Sinn von Veränderungspro-
zessen verkaufen. Wenn die Veränderung „verkauft" worden ist,
müssen Sie die entsprechenden Hilfsmittel mitliefern und deren
Anwendung trainieren. Wenn sich dann Erfolge einstellen, werden die Verkäufer von sich aus auf dieser Linie bleiben.

Es ist an der Zeit, dass sich Führungskräfte dafür verantwortlich fühlen, dass ihre Mitarbeiter im Verkauf „saubere" Arbeit leisten. Folgende Voraussetzungen müssen erfüllt sein:

- *Problembewusstsein erzeugen*

Dem Verkäufer muss klar gemacht werden, welchen Vorteil er hat, wenn er sein Verkaufsverhalten weiterentwickelt, und welche Nachteile er hat, wenn er es nicht tut.

- *Die richtigen Fragen parat haben*

Nur wenn der Verkäufer im Schlaf die richtigen Fragen für das Kundengespräch beherrscht, wird er diese auch anwenden. Das gilt für alle Abschnitte eines erfolgreichen Verkaufsprozesses.

- *Das „Nein" zum Freund machen*

Dem Verkäufer muss klar werden, dass es im Verkauf nicht darum geht, immer ein „Ja" zu erhalten, sondern darum, es so oft zu tun, bis in der Summe genügend „Ja" verbucht werden können. Die Angst vor dem „Nein" wird auch kleiner, wenn das „Nein" schon als Fakt einkalkuliert wird, aber die Gewissheit da ist, dass mehrere Versuche immer eine ausreichende Anzahl von „Ja" zum Ergebnis haben.

- *Die Führungskraft, die „lästig" ist*

Ihr ständiges Nachfragen: „*Wie viele Termine hatten Sie heute…*", „*mit welchen Worten haben Sie die Rente angesprochen…?*" wird Ihre Verkäufer förmlich zum Erfolg zwingen. Irgendwann erkennen sie dann, dass es gar nicht schwer ist, den Verkaufsprozess zu professionalisieren. Und: Alle Beteiligten profitieren davon.

Das 15-Minuten-Zielgespräch

2.1 Die Gesprächsstruktur

Das 15-Minuten-Zielgespräch ist ein Kurzgespräch, in dem *ein* notweniger Entwicklungsschritt des Mitarbeiters angesprochen und bearbeitet wird. Im ersten Schritt werden anhand des *erfolgreichen Verkaufsprozesses* die Stärken und Entwicklungsfelder eines einzelnen Mitarbeiters betrachtet. Im zweiten Schritt wird ein aktuelles Entwicklungsfeld ausgewählt und analysiert. (Tab. 2.1)

Die Minutenangaben tragen der Bedeutung der einzelnen Blöcke Rechnung. Niemand sollte sich also aufgefordert fühlen, mit der Stoppuhr die Einhaltung der empfohlenen Zeit zu kontrollieren.

Bevor die einzelnen Punkte näher betrachtet werden, wenden wir uns der Vorbereitung für das Zielgespräch zu. Hierfür teile ich immer ein Vorbereitungsblatt an die Seminarteilnehmer aus. Ist die Entscheidung für ein Thema gefallen, bitte ich die Teilnehmer, das Blatt auszufüllen (siehe Abb. 2.1).

© Springer Fachmedien Wiesbaden 2014
K. Herndl, *Das 15-Minuten-Zielgespräch,*
DOI 10.1007/978-3-8349-4725-3_2

Tab. 2.1 Der
Gesprächsablauf auf
einen Blick

Was	Minuten
1. Smalltalk	1
2. Lob	1
3. Thema	5
4. Handlung	5
5. Vereinbarung	1
6. Controlling	1
7. Zusammenfassen	1

Vorbereitung des 15-Minuten-Zielgesprächs

Mitarbeiter:

Der aktuelle Entwicklungsbedarf:

Was will ich erreichen?

Welche W-Fragen werde ich stellen?

Abb. 2.1 Formblatt zur Vorbereitung des 15-Minuten-Zielgesprächs

2.2   Der Ablauf des 15-Minuten-Zielgesprächs im Detail

Für die folgenden Ausführungen rufen wir uns wieder den Mitarbeiter ins Gedächtnis, der es versäumt, das Thema Rentenversicherung beim Kunden anzusprechen. Stellen Sie sich nun vor, Sie erwarten den Mitarbeiter zum vereinbarten Zeitpunkt in Ihrem Büro. Sie haben sichergestellt, dass Sie während des Gesprächs nicht gestört werden.

Wenn sich die 15-Minuten-Zielgespräche einmal in Ihrem Team eingespielt haben, dann muss dem Mitarbeiter im Vorfeld nicht mehr viel über Inhalt und Zeitrahmen erklärt werden. Für die ersten Gespräche ist es jedoch sinnvoll, den Mitarbeiter vorher darüber zu informieren, dass Sie mit ihm ein Gespräch über aktuelle Verkaufsthemen führen wollen und dass Sie dafür nicht viel Zeit benötigen werden.

Die Grundlage für die in diesem Abschnitt angeführten Dialoge zwischen Führungskraft und Verkäufer stammen alle aus Videoaufzeichnungen meiner Seminare und werden zum Teil wörtlich wiedergegeben.

2.2.1   Smalltalk

Im Smalltalk kann über alles Mögliche gesprochen werden: das Wetter, die Anfahrt des Mitarbeiters, die Aktivitäten des vergangenen Wochenendes. Empfehlenswert ist es jedoch, schon im Smalltalk zu zeigen, dass Ihnen die Beziehung zum Mitarbeiter wichtig ist. Besonders gut gelingt dies mit persönlichen Themen, wie beispielsweise „seine" Familie, „sein" Fußballverein, „sein" Auto.

Beispiel

Führungskraft: „Schön, dass Sie schon da sind!"
Mitarbeiter: „Ja, wir haben uns ja für 10 Uhr verabredet."

Führungskraft:	„Sie waren am Wochenende sicher wieder im Stadion und haben mit ‚Ihrem‘ Verein gefeiert?“
Mitarbeiter:	„Ja, diesmal war auch meine Frau mit, und das Spiel hat ihr sehr gut gefallen.“
Führungskraft:	„Was glauben Sie denn, warum Ihre Mannschaft in diesem Jahr so gut gespielt hat?“
Mitarbeiter:	„Es sind ein paar neue Leute dazu gekommen, die das Team deutlich verstärkt haben.“
Führungskraft:	„Na, wir werden ja sehen, wie es mit Ihrer Mannschaft weitergeht.“

Für die Phase Smalltalk ist es wichtig, dass die Führungskraft von Anfang an den Ablauf steuert. In dieser Phase sind offene Fragen zum Arbeitsprozess fehl am Platz. Denn dann würde der Mitarbeiter die Gelegenheit bekommen, ganz andere als die von Ihnen beabsichtigten Themen anzusprechen. Der Mitarbeiter hat vor dem Zielgespräch bestimmt darüber nachgedacht, was Sie wohl mit ihm besprechen möchten. Sicher sind ihm ein paar Punkte eingefallen, die an seinem Verkaufsverhalten verbesserungsfähig wären. Vielleicht hat er sich auch schon Ausreden ausgedacht, warum dieses oder jenes bei ihm nicht funktioniert. Wenn Sie ihn an dieser Stelle beispielsweise fragen, wie es ihm beim Verkauf eines Produkts geht, dann geben Sie ihm die Gelegenheit, die vorbereiteten Ausreden anzubringen und damit die Steuerung zu übernehmen.

2.2.2   Lob

Das Lob ist ein sehr wichtiger Punkt im Zielgespräch. Sicherlich finden Sie bei jedem Ihrer Mitarbeiter einen Grund zu loben. Das 15-Minuten-Zielgespräch bietet dafür einen sehr geeigneten Rahmen.

In Unternehmen wird generell zu wenig gelobt. Nach dem Motto „kein Tadel ist ein Lob" verkneifen wir uns oft die netten Worte an den Mitarbeiter, die ihm gut tun würden.

Das Lob an genau dieser Stelle des 15-Minuten-Zielgesprächs hat aber noch einen ganz anderen Hintergrund. Gegen Lob kann man sich nicht wehren. Dies bedeutet, dass die Abwehr des Menschen gegen Einflüsse von außen in der Phase, in der er gelobt wird, sehr klein ist. „Es" tut ja so gut, und wir hören „es" uns ja so gerne an. Das Lob wirkt besonders stark, wenn es sich auf möglichst konkrete Situationen aus der jüngeren Vergangenheit bezieht und damit für den Mitarbeiter gut nachvollziehbar ist. Jeder Mensch, der für eine bestimmt Eigenschaft oder Fähigkeit ernsthaft gelobt wird, wird schnell auch bereit sein zu erkennen, dass es auch Eigenschaften und Fähigkeiten gibt, die bei ihm (noch) nicht so gut ausgeprägt sind. Damit ist dann die Entwicklungsbereitschaft hergestellt worden, die in diesem Gespräch eine so wichtige Voraussetzung für das Gelingen ist.

Beispiel

Führungskraft:	„Herr F, ich will Ihnen einmal sagen, dass Sie seit Jahren ein verlässlicher Partner sind, der die Geschäftsfelder ‚Finanzieren und Bausparen' sehr gut abdeckt. Auch beim letzten Teammeeting, in dem ich das Produkt Y vorgestellt habe, haben Sie sich als hilfreicher Partner erwiesen. Vielen Dank dafür!"
Mitarbeiter:	„Schön, dass Sie das sagen!"

Wenn wir die Videos der Übungsgespräche auf den Seminaren analysieren, lasse ich die Phase „Lob" zuerst mit normaler Geschwindigkeit und dann auch in Zeitlupe ablaufen. In der Zeitlupe wird deutlich, wie sich die Gesichtszüge des Mitarbeiters langsam zu einem Lächeln entspannen, das aus tiefstem Herzen kommt. Sogar im Rollenspiel erzielt ein ausgesprochenes Lob eine positive Wirkung.

2.2.3 Thema

Nun gilt es, unmittelbar nach dem Lob elegant auf das eigentliche Entwicklungsthema des Gesprächs umzusteigen. Das geht nur mit einer W-Frage und einer nachfolgenden Pause. Bleiben wir bei unserem Beispiel mit der Rentenvorsorge:

Beispiel

Führungskraft: „... Es gibt aber auch einen Punkt, mit dem ich nicht zufrieden bin. Wer ist verantwortlich dafür, dass Ihre Kunden in der Rente keine Sorgen haben? (*Pause!*)

Eine Alternative an dieser Stelle ist es, das Thema offen zu lassen. Mitarbeiter kennen meist ihren aktuellen Entwicklungsbedarf. Der Umstieg nach dem Lob würde dann so aussehen:

Führungskraft: „... Es gibt aber auch einen Punkt, mit dem ich nicht zufrieden bin. Was glauben Sie, welcher das ist? (*Pause!*)

Wenn der Mitarbeiter jetzt auf das richtige Thema aufspringt, dann bleiben Sie natürlich dabei. Wenn er etwas anderes zum Thema macht, dann sagen Sie ihm, dass das natürlich auch ein wichtiger Punkt sei, aber zu einem anderen Zeitpunkt besprochen werden wird. In diesem Fall wiederholen Sie Ihre Frage. Der weitere Dialog würde sich dann folgendermaßen abspielen:

Beispiel

Führungskraft: „... Es gibt aber auch einen Punkt, mit dem ich nicht zufrieden bin. Was glauben Sie, welcher das ist?

Mitarbeiter: „Sie meinen wohl die Rentenvorsorge."

Führungskraft: „Ja, genau. Wie viele Kunden haben Sie in Ihrem Kundenbestand?"

Mitarbeiter: „Das werden wohl an die 600 sein."

Führungskraft:	„Was glauben Sie, wie viel Prozent dieser Kunden in den nächsten Jahren irgendwo am Markt eine Rentenvorsorge kaufen werden?"
Mitarbeiter:	„Das werden so an die 20 Prozent sein."
Führungskraft:	„20 Prozent, das wären dann 120 Kunden. Was muss denn passieren, damit diese Kunden das Produkt bei Ihnen kaufen würden?"
Mitarbeiter:	„Ich müsste die Rentenvorsorge wohl öfter ansprechen!"
Führungskraft:	„Welchen Vorteil haben Sie denn, wenn Sie das tun?"
Mitarbeiter:	„Ich hätte wesentlich mehr Einkommen."
Führungskraft:	„Welchen Vorteil hätten Sie noch?"
Mitarbeiter:	„Die Kundenbeziehung würde besser abgesichert sein."
Führungskraft:	„Welchen Vorteil hätten Sie noch?"
Mitarbeiter:	„Sie würden mir nicht andauernd so lästige Fragen stellen." (lächelt)
Führungskraft:	„Welchen Vorteil hätten Ihre Kunden?"
Mitarbeiter:	„Sie hätten im Hinblick auf die Rente keine Sorgen!"
Führungskraft:	„Wollen wir uns nun gemeinsam ansehen, wie Sie die Rentenversicherung elegant ansprechen können?"
Mitarbeiter:	„Ja."

Der Mitarbeiter hat „gekauft". Er sieht die Chance, die er bisher nicht genutzt hat. Er erkennt die Vorteile, die er hat, wenn er die Rentenversicherung von nun an regelmäßig anspricht. Er erkennt auch die Nachteile, die er haben würde, wenn er es nicht tut. Im nächsten Schritt geht es dann darum, die Methode zu entwickeln, mit der er die Rentenvorsorge ansprechen wird.

An diesem Dialog zeigt sich besonders deutlich, dass ein *Führungsgespräch* in erster Linie ein *Verkaufsgespräch* ist. Der Mit-

arbeiter wird nur unter der Voraussetzung bereit sein, sich zu entwickeln, wenn er einen Vorteil darin erkennt. Kein Kunde kauft,
wenn er kein Kaufmotiv sieht. Ebenso ist kein Verkäufer bereit,
sein Verhalten zu verändern, wenn er dafür kein Motiv spürt.
Mit der Änderung eines eingeübten Verhaltens ist immer Arbeit
verbunden. Rote Linien müssen überschritten werden, die Verkaufstechnik muss adaptiert werden. Kein Mensch tut sich das an,
wenn er nicht weiß, wofür.

Wenn Sie Ihrem Mitarbeiter predigen, dass er die Rentenvorsorge ansprechen soll, dann wird er zwar zustimmend nicken,
aber es in vielen Fällen nicht tun. Eine Predigt geht auf der einen
Seite rein und auf der anderen wieder hinaus. Gegen Erkennt-
nisprozesse, die nach guten W-Fragen entstehen, kann sich aber
niemand wehren. Als Vorgesetzter sind Sie nicht *Prediger*, sondern *Führungskraft*. Führen Sie Ihre Verkäufer dorthin, wo sie im
Innersten getroffen werden.

2.2.4 Handlung

In diesem Abschnitt geht es nun darum, konkrete Verhaltensweisen zu entwickeln, die dem Mitarbeiter die Umsetzung ermöglichen.

Beispiel

Führungskraft: „An welcher Stelle im Gespräch wäre es denn
                Ihrer Ansicht nach sinnvoll, das Thema Rente
                anzusprechen?"

Mitarbeiter: „Wahrscheinlich am Ende. Wenn der Kunde
                die Finanzierung oder den Bausparvertrag
                unterschrieben hat."

Führungskraft: „Gut, gehen wir einmal davon aus, der Kunde
                hat   den   Bausparvertrag   unterschrieben.

Wie könnten Sie jetzt auf das Thema Rente
überleiten?"

Mitarbeiter: „Da fällt mir jetzt keine passende Frage ein!"

Die Seminarteilnehmer haben schon zu einem früheren Zeitpunkt
eine Auflistung von typischen Fragen für die Überleitung in alle
gängigen Sparten der Finanzdienstleistung erhalten. Vor diesem
Rollenspiel habe ich die Führungskraft gebeten, das Blatt einzusetzen, wenn dem Verkäufer keine Frage einfällt.

Beispiel

Führungskraft: „Ich habe hier eine Auflistung typischer Fra-
                 gen. Sehen Sie sich doch die Fragen zum
                 Thema Rentenvorsorge einmal an…. Welche
                 davon gefällt Ihnen am besten?"

Mitarbeiter: „Diese Frage finde ich gut:‚Wo haben Sie
                 denn Ihre Rentenvorsorge?'"

Führungskraft: „Gut, dann schreiben Sie doch diese Frage
                 auf." *(Mitarbeiter schreibt auf)* „Machen wir
                 doch ein kleine Übung. Gehen wir davon aus,
                 ich bin Ihr Kunde. Ich habe eben einen Bau-
                 sparvertrag abgeschlossen, nun wollen Sie
                 auf die Rentenvorsorge umsteigen."

Mitarbeiter: „Na gut. Herr D, jetzt haben wir dafür gesorgt,
                 dass Sie sich in ein paar Jahren wieder einen
                 schönen Wunsch erfüllen können. Ich habe
                 noch eine Frage an Sie: Wo haben Sie denn
                 Ihre Rentenvorsorge abgeschlossen?"

Führungskraft: *(wartet gemäß meiner Instruktion ein paar
                 Sekunden ab, damit er überprüfen kann, ob
                 der Verkäufer die Pause nach der Frage aus-
                 hält):* „Ja, das war ja eine sehr schöne Frage.
                 Wie haben Sie sich denn gefühlt, als Sie die
                 Frage gestellt haben?"

Mitarbeiter:	„Es war gar nicht so schlimm."
Führungskraft:	„Bei mir kam die Frage auch sehr gut an. Wichtig war für mich als Kunde, dass Sie mir nach der Frage Zeit gelassen haben, um zu antworten."

Immer, wenn es im 15-Minuten-Zielgespräch um konkrete Entwicklungsschritte für das Verkaufsgespräch geht, ist es sinnvoll, eine kleine Übung einzubauen. Der Mitarbeiter hat dann die neue Verhaltensweise einmal ausprobiert und festgestellt, dass das gar nicht so schwer ist. Immer dann, wenn an dieser Stelle Fragen geübt werden, müssen Sie unbedingt sicherstellen, dass die Pause nach der Frage ausgehalten wird. Es wurde bereits erläutert, wie wichtig die Pause ist. Die Rückmeldung der Führungskraft zur Pause ist notwendig, damit die Umsetzung im Verkaufsgespräch einwandfrei verläuft.

2.2.5   Vereinbarung

Meistens werden *Zahlenziele* und keine konkreten *Handlungen* vereinbart. *Dies ist ein großer Fehler.* Es geht nicht darum, dass der Mitarbeiter in den nächsten Wochen vier Rentenverträge abschließt. Es geht darum, dass er diese Frage in jedem Gespräch stellt. Dann wird sich der Erfolg von selbst einstellen, und das Ergebnis liegt bestimmt über dem Zahlenziel, das Sie vereinbart hätten.

Wer sich an Zahlenzielen orientiert, wird Zahlenziele erreichen, auch wenn wesentlich mehr möglich gewesen wäre, als in der Zielvereinbarung vorgesehen war. Ein Marathonläufer ist nach genau 42,195 km am Ende seiner Kräfte. Wäre die Marathonstrecke nur 35 km lang, wäre er am Ende genauso müde. Wäre die Strecke 45 km lang, würde dies der Läufer genauso bewältigen, weil er auf die Erreichung des Ziels „programmiert" ist.

Zahlenziele haben immer etwas „Zufälliges" an sich. Wenn von einem Verkäufer 40 Rentenvorsorgen im Jahr verlangt werden, dann wird er eben nur jeden fünften Kunden darauf ansprechen, weil er ja in den letzten Jahren die Erfahrung gemacht hat, dass er das Ziel damit erreicht hat. Gegen Jahresende hin wurde es zwar immer knapp, aber irgendwie wurde das Ziel erreicht. Dies würde genauso ablaufen, wenn 60 Rentenvorsorgen pro Jahr gefordert wären. Das Pferd springt immer so hoch, wie Sie die Latte legen!

Die Vereinbarung von konkreten Handlungen ist vielversprechend. Fordern Sie Ihre Verkäufer auf, das Thema Rente anzusprechen (und zeigen Sie ihnen auch, wie es funktioniert). Das Ergebnis werden dann so viele Rentenvorsorgen sein, wie es die Kunden wünschen. Bestimmt übersteigt die Anzahl die Zielvereinbarung.

▶   Sie sind als Führungskraft dafür verantwortlich, dass Ihre
      Mitarbeiter mehrmals am Tag das Richtige tun!

Wenn Ihre Mitarbeiter mehrmals am Tag das Richtige tun, brauchen Sie keine Zahlenziele mehr zu vereinbaren, weil sich dann der Erfolg auf allen Ebenen gar nicht vermeiden lässt.

Beispiel

Führungskraft:	„Gut, Herr Mitarbeiter, nun haben Sie für die Ansprache der Rentenversicherung eine wunderbare Frage gefunden. Wie oft werden Sie diese Frage in der nächsten Woche stellen?"
Mitarbeiter:	„Ich habe nächste Woche zehn Termine, bei fünf Kunden wird das Thema ganz gut ins Konzept passen!"
Führungskraft:	„Welchen Vorteil haben Sie, wenn Sie das Thema bei allen Kunden ansprechen?"
Mitarbeiter:	„Ich weiß nicht, ob das Thema für alle Kunden interessant ist."
Führungskraft:	„Wie können Sie das feststellen?"

Mitarbeiter: „Ich müsste die Kunden fragen."
Führungskraft: „Wollen wir uns die Termine der nächsten
                 Wochen gemeinsam ansehen?"
Mitarbeiter: *(öffnet seinen Terminkalender)* „Ja, das kön-
                 nen wir gerne tun."
Im Folgenden werden die einzelnen Termine durchgesprochen.
Schnell wird dem Mitarbeiter klar, dass das Thema auf acht
von zehn Kunden in der nächsten Woche passen würde. Zwei
Kunden scheiden aus Altersgründen aus.
Führungskraft: „Wie oft werden Sie nun diese Frage in der
                 nächsten Woche stellen?
Mitarbeiter: „Gut, ich werde acht Kunden ansprechen!"

2.2.6 Controlling

Ganz wichtig ist es, das Controlling festzulegen. Denn was nützt
es, wenn der Verkäufer sein Problem erkannt, die richtige Lösung
erarbeitet und eingeübt hat, die besten Vorsätze für das Umsetzen
in der Praxis gefasst hat und Sie dann nicht zeitnah überprüfen,
was denn nun bei diesem Vorhaben herausgekommen ist. Zeitnah
heißt in diesem Fall: nach dem nächsten Arbeitstag. Jeder andere
Zeitpunkt ist zu spät!

Ich habe schon erwähnt, dass ich im Laufe meiner Seminar-
tätigkeit auch sehr viel von den Teilnehmern gelernt habe. Schon
oft sind von den Teilnehmern spontan gute Fragen entwickelt
worden. Ich habe diese Fragen dann verfeinert und für die nächste
Seminargruppe eingesetzt. An folgendes Erlebnis kann ich mich
noch sehr gut erinnern:

Beispiel

Wir hatten ein Seminar in Essen. Am zweiten Tag wurden die
Gesprächsübungen durchgeführt. Als das Gespräch beim Con-
trolling angelangt war, sagte die Führungskraft (Frau Petra V)
zu ihrem Mitarbeiter:

Frau V: „Gut, dann werden Sie diese Frage bei acht Kundengesprächen in der nächsten Woche stellen. *Wie erfahre ich davon?* (*Pause*)

Das ist wohl die perfekte Frage zum Thema Controlling. Einfach und trotzdem gut. Folgende Aussagen der Führungskraft sind in dieser Frage verpackt:

- Ich möchte erfahren, wie es dir ergangen ist.
- Aus dieser Situation gibt es kein Entrinnen.
- Ich möchte, dass *du* in der Sache Kontakt mit mir aufnimmst.
- Ich möchte, dass du mich informierst, du kannst dir die Form der Information aber aussuchen.

Der Dialog wurde dann folgendermaßen fortgesetzt:

Beispiel

Frau V: „Gut, dann werden Sie diese Frage in der nächsten Woche in acht Kundengesprächen stellen. Wie erfahre ich davon?"

Mitarbeiter: „Wir sehen uns ja in einer Woche wieder, dann kann ich Ihnen berichten, wie es mir ergangen ist."

Frau V: „Nein, das ist mir zu spät. Wie viele Termine haben Sie denn am Montag?"

Mitarbeiter: „Am Montag sind es drei Termine."

Frau V: „Was glauben Sie denn, wann Sie den letzten Termin abgeschlossen haben?"

Mitarbeiter: „Das wird so gegen 19 Uhr sein."

Frau V: „Bis wann können Sie mich dann anrufen?"

Mitarbeiter: „Auf der Rückfahrt im Auto kann ich Sie gerne anrufen."

Frau V: „Also, bis wann kann ich spätestens mit Ihrem Anruf rechnen?"

Mitarbeiter: „Sagen wir, ich werde Sie bis spätestens 20 Uhr anrufen."

Es ist sehr wichtig, dass Sie einen genauen Zeitpunkt vereinbaren, bis zu dem Sie Ihr Mitarbeiter anrufen wird. Wenn er sich bis 20 Uhr nicht meldet, können Sie ihn anrufen und fragen, was los ist. Wenn Sie nur vereinbaren, dass der Mitarbeiter Sie am Abend anruft, dann wissen Sie nicht, wann Sie gegebenenfalls anrufen müssen. Schnell ist es dann 22 Uhr und damit zu spät für einen Anruf. Doch dann wird die Vereinbarung und damit auch die Bedeutung des Controllings nicht ernst genommen.

Sorgen Sie dafür, dass Sie das erste Feedback des Mitarbeiters direkt nach dem ersten Test erhalten. Das Telefonat kann dann sehr kurz gehalten werden.

Beispiel

Führungskraft: „Herr D, welche Kunden haben Sie heute besucht?"

Herr D: „Ich habe wie vereinbart die Kunden A, B und C besucht!"

Führungskraft: „Wie oft haben Sie die Rentenvorsorge angesprochen?"

Die Wahrscheinlichkeit ist groß, dass der Mitarbeiter in diesem Telefonat schon von ersten Erfolgserlebnissen berichten kann. Bleiben Sie als Führungskraft nah an dieser Entwicklung dran. Vereinbaren Sie kurze, tägliche Telefonate, bis sich die Ansprache der Rentenvorsorge beim Mitarbeiter automatisiert hat. Dann können Sie mit ihm gemeinsam den nächsten Entwicklungsschritt vorbereiten.

2.2.7   Zusammenfassen des Gesprächs

Nun gilt es nur noch zu überprüfen, ob der Mitarbeiter die Inhalte des Gesprächs für sich so verstanden und verinnerlicht hat, wie Sie das beabsichtigt haben.

Beispiel

Führungskraft: „Herr Mitarbeiter, fassen Sie doch bitte aus Ihrer Sicht zusammen, was wir eben besprochen und vereinbart haben!"

Während der Mitarbeiter erzählt, machen Sie sich Notizen für ein Gesprächsprotokoll. Achten Sie darauf, dass der Mitarbeiter nichts vergisst, fragen Sie gegebenenfalls nach, bis ein vollständiges Protokoll vorliegt. Zum Schluss wird noch ein nächster Gesprächstermin vereinbart.

Wichtig ist, dass diese Gesprächsprotokolle auch unterschrieben werden. Kein Verkäufer würde ein Geschäft beim Kunden als abgeschlossen betrachten, bevor der Kunde nicht unterschrieben hat. Bei den Übungsgesprächen stelle ich oft fest, dass das Einfordern dieser Unterschrift für viele Führungskräfte eine „rote Linie" ist, vor allem dann, wenn sie das Einfordern der Unterschrift bisher in der Praxis nicht geübt haben. Die Verkäufer dagegen hatten offensichtlich mit der Unterschrift kaum ein Problem. Unterschreiben Sie das Protokoll zuerst, und schieben Sie es dann ohne weitere Erklärungen zum Verkäufer hin.

Beispiel

Führungskraft: „Herr Mitarbeiter, ich habe schon unterschrieben, bestätigen Sie bitte auch, dass wir das so machen wollen…"

Oder:

Führungskraft: „Bei wichtigen Leuten unterschreibe ich immer zuerst… jetzt sind Sie dran!"

Gesprächsprotokoll

Datum: *20.1.2010*

Mitarbeiter: *Thomas Drews*
Führungskraft: *Martin Schmidt*

Folgende **konkrete Inhalte** wurden besprochen:

Seit Jahren gute Leistungen in den Sparten „Bausparen und Finanzierung".
Verlässlicher Partner bei Teambesprechungen.
Ansprache der Rentenvorsorge muss ausgebaut werden.
Einstiegsfrage: „Herr Kunde, wo haben Sie Ihre Rentenvorsorge abgeschlossen?"

Folgende **konkrete Vereinbarungen** wurden getroffen:

Ansprache des Themas beim Kunden achtmal in der kommenden Woche.
Am Montag bis 20:00 Uhr Herrn Schmidt anrufen,

Nächster Gesprächstermin: *27.1.2010*
Unterschriften:

Mitarbeiter: *Thomas Drews*

Führungskraft: *Martin Schmidt*

Abb. 2.2 Beispiel eines Gesprächsprotokolls

Mitarbeiter: „Gut, dann machen wir das. Bekomme ich
                  eine Kopie des Protokolls?"
Führungskraft: „Natürlich, ich lasse Ihnen die Kopie sofort
                  anfertigen."

Bei diesem Gespräch hätte das Protokoll wie in dargestellt ausgesehen. (Abb. 2.2)

Das 15-Minuten-Zielgespräch ist kein Jahresgespräch, sondern ein aktuelles Entwicklungsgespräch mit einem Mitarbeiter zu *einer* ganz konkreten Verhaltensänderung. Wenn der Mitarbeiter nach dem

Gespräch beispielsweise regelmäßig die Rentenvorsorge anspricht, dann hat sich das Gespräch mehr als bezahlt gemacht. Ein Patient, der eine akute Erkrankung hat, wird in regelmäßigen Abständen seinen Hausarzt aufsuchen, um den Fortschritt der Genesung kontrollieren zu lassen. Diese Gespräche dauern aber sicher nicht länger als eben eine Viertelstunde. Der Patient wird die Anweisungen des Arztes bis zum nächsten Termin befolgen, und der Fortschritt wird sich einstellen. Wenn der Patient beim Arzt einmal einen „Jahrescheck" durchführt, dann sind damit umfangreiche Untersuchungen verbunden, die natürlich mehr Zeit in Anspruch nehmen.

▶ Es wird Zeit, dass sich Führungskräfte an der erzielten Wirkung messen und nicht an der aufgewendeten Zeit.

Ein Mitarbeitergespräch kann unter bestimmten Voraussetzungen auch länger dauern. Ein Jahrescheckgespräch oder ein Quartalscheckgespräch ist mit einem größeren Zeitaufwand verbunden. Regionale Gesichtspunkte spielen für die Länge eines Gesprächs natürlich auch eine Rolle. Wenn sich Ihr Verkaufsteam in einer ländlichen Region befindet, dann werden Sie die Mitarbeiter nicht so oft besuchen können. Ein Gesprächstermin muss dann natürlich auch dafür verwendet werden, „Allfälliges" zu besprechen, beispielsweise ein Kunden- oder EDV-Problem. In diesen Fällen dauert das Gespräch eben länger. Aber im Laufe dieses Gesprächs muss klar abgegrenzt das 15-Minuten-Zielgespräch stattfinden. Die Wirkung ist sicher am größten, wenn Sie diesen Entwicklungsteil gleich zu Beginn besprechen. (Tab. 2.2)

Wenn Sie nach dem 15-Minuten-Zielgespräch noch weitere Themen behandeln, dann ist es wichtig, dass Sie am Schluss noch

Tab. 2.2 Zeiteinteilung beim Zielgespräch

45 Minuten		
15-MinutenZielgespräch	Offene Geschäftsfälle	Weitere Themen

einmal auf die Vereinbarung des Zielgesprächs hinweisen. Beispielsweise sagen Sie dann Folgendes:

Beispiel

Führungskraft: „Gut, dann haben wir soweit alles besprochen. Ich freue mich darauf, am Montag bis 20 Uhr von Ihren Erfolgen in der Rentenvorsorge zu hören!"

2.3 Typische Führungssituationen in der Praxis

Damit Sie das 15-Minuten-Zielgespräch erfolgreich in Ihrem Berufsalltag einsetzen können, finden Sie im Folgenden einen Überblick über die gängigsten Führungssituationen mit den entsprechenden Einstiegsfragen in das Thema und den jeweiligen Seitenzahlen zum Nachschlagen. Die Übersichten auf den Seiten 70 f. und 124 f. geben Ihnen eine schnelle Orientierung über die hier im Buch behandelten Themen.

Die Beispieldialoge setzen an der Stelle des 15-Minuten-Zielgesprächs ein, an der der *Smalltalk* und das ausgesprochene *Lob* schon vorüber sind. Die Dialoge werden in der Regel so lange ausgeführt, bis das *Thema* dem Mitarbeiter verkauft worden und die notwendige *Handlung* zumindest angesprochen worden ist. Der Gesprächsablauf zeigt natürlich nur *einen* möglichen Weg, mit dem Thema umzugehen. Die Beispiele sind so ausgewählt, dass in der Summe ein möglichst großes Angebot an Vorgehensweisen entsteht.

Am Schluss der Auflistung ist noch Platz für eigene Beispiele. Sollten Sie also in Ihrer Führungspraxis auf Gesprächssituationen treffen, die ich nicht angeführt habe, können Sie die Situation und die von Ihnen eingesetzten Einstiegsfragen darin eintragen. Ich würde mich sehr freuen, wenn Sie mir diese Beispiele per E-Mail zur Verfügung stellen würden. Dann könnte ich Ihre Anregungen in einer späteren Auflage dieses Buches berücksichtigen. Auf

Wunsch kann ich gerne Ihren Namen erwähnen. Meine Kontaktdaten finden Sie am Ende des Buches auf der Autorenseite.

Die aufgeführten Beispiele sind gemäß den Gegebenheiten in den Unternehmen in zwei Kategorien eingeteilt. Zuerst werden Gesprächsbeispiele angeführt, bei denen eine Führungskraft einen Verkäufer führt. Später werden dann Beispiele beschrieben, in denen eine Führungskraft eine Führungskraft führt. Am Schluss gibt es noch ein Beispiel für eine Führungssituation, in der die Führungskraft selbst Verkäufer ist.

Die meisten Gesprächssituationen sind für Führungskräfte aller Branchen einsetzbar. Manche sind speziell für das Führen von Finanzdienstleistern gedacht, sie können aber in der Regel auch gut an andere Gegebenheiten angepasst werden.

Die Dialoge in den folgenden Gesprächen stammen zum Teil aus Videomitschnitten, zum Teil aus handschriftlichen Aufzeichnungen, die ich in den letzten Jahren während der Seminare angefertigt habe. Der Gesprächsablauf wurde teilweise gekürzt und vereinfacht, das Wesentliche wird aber immer dargestellt.

2.3.1 Führungskraft führt Verkäufer

Tabelle 2.3 gibt Ihnen einen ersten Überblick über mögliche Problembereiche und bietet zu jedem Bereich zwei Fragemöglichkeiten, die Sie in solchen Fällen einsetzen können. In den folgenden 19 Abschnitten werden diese Problemzonen anhand einer Schilderung der Ausgangssituation, einem Musterdialog und Vorschlägen für weitere Maßnahmen genauer analysiert.

Der Verkäufer kann sich mit einem neuen Produkt nicht anfreunden

Ausgangssituation
Die Situation erlebt man im Vertrieb sehr häufig. Die Produktentwicklung hat sich große Mühe gegeben, ein Produkt zur Ver-

Tab. 2.3 Typische Problembereiche und mögliche Fragestellungen

	Beispiele
1	*Der Verkäufer kann sich mit einem neuen Produkt nicht anfreunden* „Was sind aus Ihrer Sicht die Vorteile des neuen Produkts?" „Was glauben Sie, für welche Kunden das neue Produkt optimal passt?"
2	*Der Verkäufer betreut seinen Kundenbestand mangelhaft* „Was verstehen Sie unter guter Bestandsarbeit?" „Wie oft sollte ein Kunde im Jahr besucht werden, damit er sich gut betreut fühlt?"
3	*Der Verkäufer ist in bestimmten Sparten gut, macht aber kaum Cross-Selling* „Welche Vorteile haben Sie, wenn Ihre Kunden mehrere Sparten bei Ihnen kaufen?" „Mit welchen Worten leiten Sie auf eine andere Sparte über?"
4	*Der Verkäufer spricht die Empfehlung nicht an* „Mit welchen Worten sprechen Sie die Empfehlung an?" „Was halten Sie davon, Ihren Kundenbestand auszubauen?"
5	*Der Verkäufer erfüllt seine Ziele, hätte aber mehr Potenzial* „Was muss passieren, damit Sie Ihr Potenzial voll ausschöpfen?" „Wie würden Sie als Chef mit einem Mitarbeiter umgehen, der seine Potenziale nicht nutzt?"
6	*Der Verkäufer ist seit einiger Zeit in einem Formtief* „Wann ist Ihnen aufgefallen, dass Sie in einem Formtief sind?" „Was haben Sie in Ihren erfolgreichen Zeiten anders gemacht?"
7	*Der Verkäufer hat fast jede Woche zu wenig Termine* „Wie viele Termine in der Woche benötigen Sie, um die vereinbarten Ziele zu erreichen?" „Wie viele Termine hatten Sie letzte Woche?"
8	*Der Verkäufer wehrt sich gegen Controllingmaßnahmen* „Wie könnte ein Controlling aussehen, das Ihnen etwas bringt?" „Welchen Vorteil haben Controllingmaßnahmen für Ihre Entwicklung als Verkäufer?"

Tab. 2.3 (Fortsetzung)

	Beispiele
9	*Der Verkäufer wehrt sich gegen den Einsatz von Unterlagen zur Erhebung von Kundendaten* „Wie hilft Ihnen unser Analysebogen bei der Erreichung Ihrer Ziele?" „Wie stellen Sie sicher, dass Ihre Kunden alle staatlichen Förderungen nutzen können?"
10	*Der Verkäufer ist gut in der Beratung, aber weniger gut im Abschluss* „Woran erkennen Sie, dass der Kunde reif für den Abschluss ist?" „Wie leiten Sie den Abschluss ein?"
11	*Der Verkäufer hat nach guten Phasen immer wieder längere Leerläufe* „Was haben Sie in Ihren erfolgreichen Zeiten anders gemacht? „Wissen Sie, wie viel Geld Sie im Jahr durch ‚Leerläufe' liegen lassen?"
12	*Der Verkäufer hat eine Vereinbarung nicht eingehalten* „Wie sollte ich Ihrer Meinung nach darauf reagieren, wenn zwischen uns getroffene Vereinbarungen nicht eingehalten werden?" „Was glauben Sie, wie lange ich mit jemandem arbeiten will, der getroffene Vereinbarungen nicht einhält?"
13	*Der Verkäufer hat sein Jahresziel schon Ende Oktober erreicht und gibt sich damit zufrieden* „Was kann ich von Ihnen bis Jahresende noch erwarten?" „Was wollen Sie in diesem Jahr noch verdienen?"
14	*Der Verkäufer redet im Verkaufsgespräch zu viel* „Wie schätzen Sie den Redeanteil in Ihren Verkaufsgesprächen ein?" „Wie erfahren Sie, was der Kunde will?"
15	*Der Verkäufer wehrt sich gegen die Begleitung der Führungskraft zu einem Kunden* „Wie muss ein gemeinsamer Kundenbesuch verlaufen, damit Sie davon profitieren?" „Wann gehen wir das nächste Mal gemeinsam zu einem Kunden?"

Tab. 2.3 (Fortsetzung)

	Beispiele
16	*Der Verkäufer will keinen Juniorpartner akzeptieren* „Wo kaufen die Kunden, die nicht von Ihnen betreut werden?" „Wenn Sie sich einen Juniorpartner aussuchen könnten, was müsste der alles können?"
17	*Der Verkäufer wendet für seinen Job zu wenig Zeit auf* „Wie viele Stunden in der Woche arbeiten Sie für dieses Unternehmen?" „Wie viele Verkaufstermine in der Woche planen Sie?"
18	*Der Verkäufer meidet die Neukundenakquise am Telefon* „Warum ist es für Sie wichtig, neue Kunden zu akquirieren?" „Wie sind Ihrer Ansicht nach die Voraussetzungen für eine erfolgreiche Neukundenakquise am Telefon?"
19	*Der Verkäufer ist gut, verkauft aber kaum Rentenvorsorgen* „Wer ist verantwortlich dafür, dass Ihre Kunden in der Rente keine Sorgen haben?" „Wo kaufen Ihre Kunden ihre Riester-Rente?"

fügung zu stellen, das ihrer Auffassung nach optimal auf die aktuelle Situation des Unternehmens passt. Das Produkt „kann" alles, was sich der Kunde nur wünscht. Doch leider hat der Vertrieb keine rechte Freude damit.

Der Hauptgrund dafür ist, dass das neue Produkt dem Vertrieb sehr oft nur präsentiert, nicht aber verkauft wird. Der Verkäufer hört dabei genug über den Aufbau eines neuen Produkts, aber eben zu wenig darüber, mit welchen konkreten Fragen er das Produkt bei seinen Kunden platzieren kann. Schnell hört man dann Aussagen von Verkäufern, dass „die da oben" keine Ahnung von der Praxis haben. Sie lehnen das Produkt ab und bieten es nicht an. Auf diesem Weg ist schon so manche Einführung eines neuen Produkts im Sande verlaufen.

Einige meiner Seminarteilnehmer haben zu diesem Problem die folgende Einstiegsfrage vorgeschlagen:

Beispiel

Führungskraft: „Herr Mitarbeiter, wie müsste das neue Produkt denn gestaltet sein, damit Sie es verkaufen würden?"

Diese Frage ist absolut *nicht* geeignet, um das Problem zu lösen. Das Produkt ist eben so gestaltet, wie es ist. Es hat keinen Sinn, darüber nachzudenken, wie es anders sein könnte. Es hat ja auch keinen Sinn, Ihre Frau zu fragen: „Wie müsste ich aussehen, damit ich dir besser gefallen würde?" Sie sehen eben so aus, wie Sie aussehen, und basta.

Nehmen wir folgendes **Beispiel:**

Beispiel

Eine Bausparkasse hat durch die Kooperation mit einer Bank die Möglichkeit erhalten, ab sofort Girokonten zu verkaufen. Für Kunden, die einen Mindestbetrag im Monat über dieses Konto laufen lassen, ist die Kontoführung sogar kostenlos.

Führungskraft:	„Herr F, was sind aus Ihrer Sicht die Vorteile des neuen Girokontos?"
Mitarbeiter:	„Es ist kostenlos. Das ist sicher ein Vorteil für den Kunden. Aber kostenlose Girokonten gibt es inzwischen auch schon bei anderen Banken."
Führungskraft:	„Wie viele Termine hatten Sie letzte Woche?"
Mitarbeiter:	*(blättert in seinem Kalender)* „Das waren zehn Termine."
Führungskraft:	„Wie oft haben Sie das kostenlose Girokonto angesprochen?"
Mitarbeiter:	„Das war bei zwei Kunden. Die wollten aber nicht von ihrer Hausbank wechseln."
Führungskraft:	„Was ist denn die Voraussetzung dafür, dass Sie Girokonten verkaufen?"
Mitarbeiter:	„Ich müsste das Thema öfters ansprechen."
Führungskraft:	„Welchen Vorteil hätten Sie, wenn Sie das Thema öfter ansprechen würden?"
Mitarbeiter:	„Ich würde mehr Abschlüsse tätigen. Damit hätte ich auch mehr Provision."
Führungskraft:	„Welchen Vorteil hätten Sie noch?"
Mitarbeiter:	„Ich weiß jetzt nicht genau, was Sie meinen."
Führungskraft:	„Denken Sie an die Absicherung der Kundenbeziehung. Was fällt Ihnen dazu ein?"
Mitarbeiter:	„Wenn die Kunden das Girokonto bei uns hätten, würde die Kundenbeziehung aus mehreren Produkten bestehen. Da geht der Kunde dann nicht mehr so leicht woanders hin."
Führungskraft:	„Mit welchen Worten könnten Sie denn beim Abschluss eines Bausparvertrags auf das Girokonto überleiten?"
Mitarbeiter:	„Das weiß ich jetzt nicht genau."

Führungskraft: „Was ist denn aus Ihrer Sicht der größte Vorteil des kostenlosen Girokontos?"

Mitarbeiter: „Dass es kostenlos ist."

Führungskraft: „Wie könnten Sie diesen Vorteil in eine Frage verpacken?"

Mitarbeiter: „Die Frage müsste wohl lauten:‚Herr Kunde, was halten Sie vom kostenlosen Girokonto?'".

Weitere Schritte

- Bitten Sie den Mitarbeiter, sich diese Einstiegsfrage aufzuschreiben.
- Führen Sie ein kleines Rollenspiel durch, in dem Sie den Kunden des Verkäufers spielen.
- Legen Sie die Anzahl der Ansprachen in den nächsten Kundenterminen fest.
- Vereinbaren Sie das telefonische Controlling nach dem nächsten Arbeitstag.
- Lassen Sie den Mitarbeiter zusammenfassen, was eben besprochen und vereinbart wurde.
- Füllen Sie das Gesprächsprotokoll aus.
- Vergessen Sie die Unterschriften nicht.

Der Verkäufer betreut seinen Kundenbestand mangelhaft

Ausgangssituation

Wir haben einen Verkäufer vor uns, der einen Kundenbestand von ca. 400 Kunden betreut. Insgesamt wendet er für seinen Job jedoch zu wenig Zeit auf. Es gibt manchmal Beschwerden von Kunden darüber, dass sie sich nicht sehr gut betreut fühlen. Es handelt sich um einen arrivierten Verkäufer, der schon seit einigen Jahren im Unternehmen ist. Einen Großteil der Kundenbeziehungen hat er sich im Laufe der Jahre selbst erarbeitet.

Führungskraft:	„Was glauben Sie denn, wie zufrieden Ihre Kunden mit Ihrer Betreuung sind?"
Mitarbeiter:	*(In der Zeitlupe im Video sieht man, dass der Mitarbeiter sehr betroffen reagiert.)* „Wieso, haben Sie denn etwas Negatives gehört?"
Führungskraft:	„Ja, in letzter Zeit kamen ein paar negative Aussagen von Kunden."
Mitarbeiter:	„Darüber müssen Sie mich schon genauer informieren."
Führungskraft:	„Ja, natürlich, sehen Sie sich doch diesen Brief an."
Mitarbeiter *(liest)*:	„Ja, das stimmt, das habe ich bei diesem Kunden verabsäumt."
Führungskraft:	„Gut, lassen wir das im Moment mal. Wie viele Termine hatten Sie letzte Woche?"
Mitarbeiter:	„Das sind genau sechs gewesen."
Führungskraft:	„Was glauben Sie denn, wie oft im Jahr ein Kunde besucht werden sollte, damit er sich gut betreut fühlt?"
Mitarbeiter:	„Ein Besuch im Jahr sollte genug sein."
Führungskraft:	„Ja, da haben Sie Recht. Wie viele Kunden haben Sie momentan in Ihrem Bestand?"
Mitarbeiter:	„Das sind so an die 400."
Führungskraft:	„Wenn Sie 400 Kunden im Jahr betreuen wollen, wie viele Termine müssen Sie dann in der Woche vereinbaren?"
Mitarbeiter:	„Gut, wenn man Urlaub und Feiertage abzieht und vielleicht auch einmal krank ist, dann bleiben 45 Arbeitswochen im Jahr."
Führungskraft:	„Wenn wir jetzt 45 mal 6 ausrechnen, was kommt dabei heraus?"
Mitarbeiter:	„Ich weiß, worauf Sie hinauswollen, das wären nicht einmal 300 Kundenbesuche im Jahr."

Führungskraft:	„Und wer betreut dann den Rest Ihrer Kunden?"
Mitarbeiter:	„Ja, das ist eine gute Frage."
Führungskraft:	„Wie würden Sie als Führungskraft darauf reagieren, wenn Kunden Ihres Verkäufers gar nicht betreut werden?"
Mitarbeiter:	„Ja, dann würde ich ein Gespräch führen."
Führungskraft:	„Also, wie viele Kundentermine kann ich von Ihnen ab sofort erwarten?"
Mitarbeiter:	„Wären Sie mit zehn Terminen einverstanden?"
Führungskraft:	„Ja, das bin ich. Gut, dann sehen wir uns noch gemeinsam an, wie Sie das Erreichen von zehn Kundenterminen in der Woche sicherstellen.".

Der Verkäufer ist in bestimmten Sparten gut, macht aber kaum Cross-Selling

Ausgangssituation

Verkäufer sind manchmal in bestimmten Produktfeldern groß geworden und haben den Wandel ihres Unternehmens zu einem Mehrspartenanbieter nicht mitgemacht. Die Ansprache anderer Sparten erfordert oft das Überschreiten einer roten Linie, was eine entsprechende Arbeitstechnik voraussetzt, die nicht vorhanden ist. Manchmal werden dann ein paar halbherzige Versuche unternommen, die logischerweise nicht von Erfolg gekrönt sind, und schnell wird das Thema wieder abgehakt.

Das Fatale dabei ist, dass der Kunde jene Produkte, die Ihr Unternehmen anbietet, mit großer Wahrscheinlichkeit irgendwo am Markt einkaufen wird. Das heißt, *der Kunde ist Cross-Seller*. Es geht also nicht darum, dass Verkäufer den Wünschen der Unternehmensleitung entsprechen, wenn sie Cross-Selling machen. Es geht vielmehr darum, dem Kunden Wege abzunehmen. Wer Kundenorientierung ernst nimmt, kommt am Cross-Selling nicht vorbei. Die Verkäufer haben dann den Vorteil, dass die Kundenbeziehung bei einem Mehrspartenkunden viel besser abgesichert ist. Außerdem können die Verkäufer sich über wesentlich mehr Einkommen freuen.

Beim folgenden Dialog stellen wir uns ein Unternehmen vor, das die Produkte A, B, C, D und E anbietet. Unsere Verkäuferin bringt in den Sparten A und B gute Ergebnisse, die anderen drei Sparten jedoch werden von ihr kaum verkauft.

Beispiel

Führungskraft:	„Wo dürfen denn Ihre Kunden die anderen Sparten einkaufen?"
Mitarbeiterin:	„Das weiß ich nicht genau. Das ist aber wirklich eine gute Frage."
Führungskraft:	„Was passiert denn, wenn Sie die Sparten C, D und E nicht anbieten?"
Mitarbeiterin:	„Dann werden sich die Kunden wohl woanders umsehen!"
Führungskraft:	„Welchen Vorteil hätten Sie, wenn Sie mehrere Sparten ansprechen würden?"
Mitarbeiterin:	„Dann hätte ich mehr Einkommen."
Führungskraft:	„Welchen Vorteil hätten Sie noch?"
Mitarbeiterin:	„Ich weiß jetzt nicht genau, was Sie meinen."
Führungskraft:	„Denken Sie an die Absicherung der Kundenbeziehung."
Mitarbeiterin:	„Ja, das stimmt. Je mehr Produkte der Kunde bei mir hat, desto eher wird er mir treu bleiben."
Führungskraft:	„Gut, es geht also um die Sparten C, D und E. Mit welcher Sparte wollen Sie anfangen?"
Mitarbeiterin:	„Dann wähle ich mir die Sparte C. Darin hatte ich in den letzten Monaten schon ein paar Erfolge."
Führungskraft:	„Was sind denn aus Ihrer Sicht die Vorteile der Sparte C für den Kunden?" *(Mitarbeiterin zählt Vorteile auf.)*

Führungskraft:	„Welcher von den aufgezählten Vorteilen ist der größte für den Kunden?" *(Mitarbeiterin wählt einen Vorteil aus.)*
Führungskraft:	„Wie können Sie diesen Vorteil in eine gute Frage an den Kunden verpacken?"
Mitarbeiterin:	„Herr Kunde, wie wichtig ist Ihnen…"
Führungskraft:	„Das ist eine sehr gute Frage. Wie viele Kundentermine planen Sie in der nächsten Woche?".

Beginnen Sie den Entwicklungsprozess des Mitarbeiters vorerst nur mit einer Sparte. Erst wenn dieser Entwicklungsprozess abgeschlossen ist, sollten Sie die zweite Sparte angehen.

In Tab. 2.4 finden Sie eine Zusammenfassung von Einstiegsfragen für ein Unternehmen der Finanzdienstleistungsbranche. In welcher Branche Sie auch immer arbeiten und welche Produkte Sie auch immer anbieten: Für alle Produkte sollte eine Auswahl von typischen Einstiegsfragen vorliegen. Wenn dem Mitarbeiter im Gespräch keine Frage einfällt, mit der er einen passenden Einstieg ins Produkt finden würde, dann können Sie ihn aus dieser Liste auswählen lassen.

Beispiel

Führungskraft: „Frau A, ich habe hier eine Auswahl von Einstiegsfragen für das Produkt C. Welche dieser Fragen gefällt Ihnen am besten?"… *(Pause)*

Der Verkäufer spricht die Empfehlung nicht an

Ausgangssituation

Die Frage nach der Empfehlung ist im Vertrieb eine weit verbreitete, äußerst dicke rote Linie. In den meisten Fällen wird Verkäufern, die ihre Arbeit in einem Unternehmen beginnen, ein Kundenbestand zur Betreuung übertragen. Dieser ist aber selten

Tab. 2.4 Beispiele für Einstiegsfragen

Einstiegfragen für Produktsparten in der Finanzdienstleistung

Rentenvorsorge

„Wo haben Sie Ihre Riester-Rente?"

„Was werden Sie mit Ihrer Rente tun?"

„Was verstehen Sie unter einem guten Lebensstandard?"

„Welchen Traum wollen Sie sich mit Ihrer Rente erfüllen?"

„Was haben Sie bereits für die Rente getan?"

Fondssparen

„Was erwarten Sie von einer längerfristigen Sparform?"

„Was verbinden Sie mit Wertpapieren?"

„Welche Rendite erwarten Sie von einer Geldanlage?"

„Wie wichtig ist Ihnen die finanzielle Vorsorge Ihrer Kinder?"

Bausparen

„Was halten Sie vom Bausparen?"

„Was erwarten Sie von einem guten Sparprodukt?"

„Wie finanzieren Sie spontane Ausgaben?"

„Welchen Traum würden Sie sich gerne in ein paar Jahren erfüllen?"

Finanzierung

„Was erwarten Sie von einer guten Finanzierung?"

„Wie stellen Sie sich Ihre Wohnsituation in den nächsten Jahren vor?"

„Welchen Wohntraum wollen Sie sich erfüllen?"

„Wie muss eine Finanzierung aussehen, damit sie genau zu Ihnen passt?"

Girokonto

„Welche Gebühren zahlen Sie für Ihr Girokonto?"

„Was halten Sie von einem kostenlosen Girokonto?"

Empfehlung

„Wer aus Ihrem Bekanntenkreis würde auch von solch einer guten Beratung profitieren?"

„Wen kennen Sie, der gerne Geld vom Staat geschenkt bekommen will?"

Erhebung von Kundendaten

„Was halten Sie davon, wenn wir uns einen Überblick über Ihre finanziellen Möglichkeiten verschaffen?"

„Was halten Sie davon, wenn ich Ihnen zeige, wie Sie Geld vom Staat geschenkt bekommen?"

„Welche staatlichen Förderungen kennen Sie?"

so groß, dass der Kundenbestand den Verkäufer lange Zeit ernähren könnte. Oft werden auch Kundenadressen zur Betreuung vergeben, die aktuell „unbetreut" sind. Das heißt, dass irgendwann ein Verkäufer des Unternehmens mit Kunden Kontakt hatte. Das kann aber schon lange her sein, und die Kunden erinnern sich oft gar nicht mehr daran. In vielen Fällen sind die Kunden in der Zwischenzeit schon zu einem anderen Unternehmen gewechselt.

Auch wenn ein Verkäufer, aus welchen Gründen auch immer, das Unternehmen wechselt und beabsichtigt, seine Kunden zum Wechsel zu überreden, stellt sich oft heraus, dass viele Kunden dazu nicht bereit sind.

Kurzum: Es gibt fast keinen Grund dafür, nicht in jedem Verkaufsgespräch nach einer Empfehlung zu fragen, es sei denn, Ihr Kundenbestand ist so groß, dass sie nicht mehr wissen, wie Sie die Betreuung aller Kunden unter einen Hut bringen sollen.

Die Empfehlung ist deswegen eine so dicke rote Linie, weil die Wahrscheinlichkeit sehr groß ist, dass der Kunde keine Empfehlung gibt. Und mit dem „Nein" des Kunden können Verkäufer in der Regel sehr schlecht umgehen, weil sie es als persönliche Ablehnung empfinden, was es natürlich nicht ist.

Zur Überschreitung dieser roten Linie ist eine besonders gute technische Vorbereitung notwendig. Nur wenn der Verkäufer einen entsprechenden Satz quasi im Schlaf beherrscht, wird er diese rote Linie überschreiten.

Beispiel

Führungskraft: „Frau S, mit welchen Worten sprechen Sie beim Kunden die Empfehlung an?"

Mitarbeiterin: „Ich sage,...' oder,...', manchmal,...'. Eigentlich spreche ich die Empfehlung kaum an. Ich fühle mich dabei einfach nicht gut!"

Führungskraft: „Was kann denn schlimmstenfalls passieren, wenn Sie den Kunden nach einer Empfehlung fragen?"

Mitarbeiterin:	„Es könnte sein, dass er keine Namen nennt."
Führungskraft:	„Was wäre für Sie daran so schlimm?"
Mitarbeiterin:	„Ich weiß nicht, das wäre mir einfach peinlich."
Führungskraft:	„Was glauben Sie, wie lange Sie die vereinbarten zehn Termine pro Woche noch erreichen können, wenn Sie nicht nach Empfehlungen fragen?"
Mitarbeiterin:	„Sie haben Recht, das könnte bald knapp werden."
Führungskraft:	„Und was bedeutet das für Sie?"
Mitarbeiterin:	„Es würde sich in meinem Job eine sehr kritische Situation entwickeln!"
Führungskraft:	„Wie groß ist die Wahrscheinlichkeit, dass Sie vom Kunden eine Empfehlung bekommen, wenn Sie nicht danach fragen?"
Mitarbeiterin:	„Wenn ich nicht danach frage, werde ich wohl auch keine Empfehlungen bekommen."
Führungskraft:	„Nehmen wir mal an, Sie würden in jedem Verkaufsgespräch nach Empfehlungen fragen. Das wären zehn Ansprachen in der Woche. Wie viele Empfehlungen würden Sie dann erhalten?"
Mitarbeiterin *(denkt lange nach):*	„Da kämen sicher fünf bis sieben Empfehlungen dabei heraus."
Führungskraft:	„Gehen wir davon aus, Sie würden ab sofort in jedem Gespräch nach Empfehlungen fragen. Mit welchen Worten würden Sie das tun?"

Die letzte Frage bedeutet noch nicht, dass es die Mitarbeiterin auch tun muss: Sie ist ja nur aufgefordert worden, einen Satz zu probieren. Trotzdem hat sie den Satz dann zum ersten Mal gesagt, und damit ist das Eis oft schon gebrochen.

Mitarbeiterin *(denkt nach):*	„Ich würde zuerst einmal fragen, ob der Kunde mit meiner Beratung zufrieden war. Wenn er ja sagt, dann würde ich fragen, ob er jemanden kennt, der auch von einer so guten Beratung profitieren könnte."
Führungskraft:	„Das ist ja ein großartiger Satz. Schreiben Sie den doch einfach mal auf... Und jetzt machen wir ein kleines Rollenspiel. Ich bin der Kunde, und Sie fragen mich nach der Empfehlung.".

Dieses Rollenspiel wird mehrmals durchgeführt. Die Mitarbeiterin wird immer sicherer, sie hat ihr Lächeln wieder gefunden. Sie weisen darauf hin, wie wichtig gerade an dieser Stelle die Pause nach der Frage ist. Dann läuft das Gespräch bis zur Unterschrift des Protokolls problemlos weiter.

Der Verkäufer erfüllt seine Ziele, hätte aber mehr Potenzial

Ausgangssituation

Das folgende Beispiel ist für das Gespräch mit einem Mitarbeiter gedacht, der im Großen und Ganzen immer ordentliche Leistungen bringt. Manchmal zeigt er, dass er noch wesentlich mehr Potenzial in sich hat. Dieses Potenzial wollen Sie in diesem Gespräch wecken.

Beispiel

Führungskraft:	„Herr G, was glauben Sie denn, worüber ich mit Ihnen heute reden möchte?"
Mitarbeiter:	„Das weiß ich eigentlich gar nicht. Meine Zahlen sind soweit in allen Sparten okay, insgesamt bin ich auf dem besten Weg, mein Jahresziel zu erreichen."
Führungskraft:	„Sie sagen selbst, dass Ihre Ergebnisse *soweit okay* sind. Was glauben Sie denn, was Sie an

	Ergebnissen erreichen könnten, wenn Sie Ihr Potenzial voll ausschöpfen würden?"
Mitarbeiter:	„Sie meinen also, dass ich mein Potenzial nicht voll ausschöpfe? Ich arbeite doch ganz ordentlich, meine Freizeit ist mir aber auch wichtig."
Führungskraft:	„Was wäre denn, wenn ich Ihnen einen Weg zeige, wie Sie ohne großen Mehraufwand wesentlich mehr Umsätze machen könnten?"
Mitarbeiter:	„Wenn das möglich wäre, bin ich sicher dabei. Aber wie sollte das gehen?"
Führungskraft:	„Was war denn in letzter Zeit Ihr größtes Erfolgserlebnis im Verkauf?"
Mitarbeiter *(denkt nach):*	„Das war vorige Woche bei dem Termin mit dem Kunden Müller. Da konnte ich gleich mehrere Sparten in einem Gespräch abschließen."
Führungskraft:	„Wie haben Sie sich nachher gefühlt?"
Mitarbeiter:	„Ich hatte ein sehr gutes Gefühl dabei."
Führungskraft:	„Was muss denn passieren, damit Sie dieses ‚gute Gefühl' öfter haben?"
Mitarbeiter:	„Ich müsste öfter solche Gespräche führen."
Führungskraft:	„Was haben Sie in diesem Gespräch anders gemacht als in sonstigen Gesprächen?"
Mitarbeiter:	„Ich habe in einem Gespräch mehrere Sparten angesprochen."
Führungskraft:	„Welchen Vorteil hätten Sie, wenn Sie das immer praktizieren würden?"
Mitarbeiter:	„Ich würde mehr Umsatz machen."
Führungskraft:	„Wollen wir uns nun gemeinsam ansehen, wie Sie diesen Weg gehen können?".

Der Verkäufer ist seit einiger Zeit in einem Formtief

Ausgangssituation

Sie haben diese Situation als Führungskraft bestimmt schon einmal erlebt. Ihr Verkäufer ist in einem Formtief. Nichts geht mehr. Die Kunden wollen nicht mehr kaufen, und wenn sie kaufen wollen, dann klappt irgendwas in der Administration im Unternehmen nicht, sodass das Geschäft nicht verbucht wird und damit die Provision nicht fließt.

Formtief heißt aber auch, dass der Mitarbeiter schon „Formhochs" erlebt hat. Im folgenden Gespräch geht es also darum, den „Sieger" im Mitarbeiter wieder zu wecken.

Beispiel

Führungskraft:	„Wann ist Ihnen denn aufgefallen, dass Sie in einem Formtief sind?"
Mitarbeiter:	„Sie gehen die Sache aber direkt an. Aber es stimmt, ja. Seit mehreren Wochen läuft gar nichts mehr. Die Kunden kaufen nicht, Termine werden abgesagt, es klappt einfach nichts."
Führungskraft:	„Sie waren doch in diesem Jahr schon einmal über einen längeren Zeitraum in Hochform. Wann war das genau?"
Mitarbeiter:	„Das war vor meinem Sommerurlaub in den Monaten Mai und Juni. Da ist es sehr gut gelaufen. Ich erinnere mich noch, dass ich mit einem sehr guten Gefühl in den Urlaub gefahren bin."
Führungskraft:	„Was haben Sie denn in den Monaten anders gemacht als heute?"
Mitarbeiter:	„Das kann ich gar nicht genau sagen. Ich hatte wohl ein paar Termine mehr in der Woche, aber so viele mehr waren es nun auch wieder nicht."

Führungskraft: „Was müssten Sie denn an Ihrem Ver-
                  halten ändern, um wieder zu alter Stärke
                  zurückzufinden?"

Mitarbeiter: „Diese Frage kann ich zum jetzigen Zeitpunkt
                  nicht beantworten."

Führungskraft: „Denken Sie noch einmal nach. Was müsste
                  geschehen, damit Sie wieder zu alter Form
                  finden?"

*Manche guten Fragen erreichen ihre Wirkung erst, wenn sie
zweimal gestellt worden sind. Wenn Sie überzeugt davon sind,
dass Ihre Frage gut war, und es kommt trotzdem keine passende Antwort, dann stellen Sie die Frage einfach noch einmal.*

Mitarbeiter   „Vielleicht könnte ich in meinem Kundenbe-
(nach einer   stand eine bestimmt Aktion durchführen?"
längeren
Pause):

Führungskraft: „Gute Idee! An welche Aktion haben Sie denn
                  gedacht?"

Mitarbeiter: „Ich könnte meine Kunden danach selektie-
                  ren, wer von ihnen ein bestimmtes Produkt
                  noch nicht bei mir gekauft hat."

Führungskraft: „Diese Idee gefällt mir sehr gut. An welches
                  Produkt haben Sie denn gedacht?"

Mitarbeiter: „Das Produkt X eignet sich meiner Ansicht
                  nach ganz gut für eine solche Aktion."

Führungskraft: „Gut, und was muss nun alles passieren, damit
                  Sie mit dem Produkt X in Ihrem Kundenbe-
                  stand eine erfolgreiche Aktion durchführen
                  können?".

Anschließend werden alle Details besprochen, die für diese Aktion notwendig sind: Auswahl der Kunden, Einstiegssatz für die
Telefonakquise, Zeitpunkt der Telefonate, Vereinbarung über eine
Mindestanzahl von Terminen und die Vereinbarung über die Art
der Rückmeldung an die Führungskraft.

Der Verkäufer hat fast jede Woche zu wenige Termine

Ausgangssituation

Verkaufserfolg setzt voraus, dass Verkaufsgespräche stattfinden. Oft könnte der Verkäufer locker ein paar Termine in der Woche mehr absolvieren, ohne dadurch an seine Grenzen zu stoßen. Als Führungskraft müssen Sie die Terminanzahl, die Sie von Ihren Mitarbeitern verlangen, klar definieren. Auf die Frage an die Seminarteilnehmer, wie viele Termine ihre Mitarbeiter in der Woche abwickeln, erhalte ich meist sehr ungenaue Antworten. Ebenso auf die Frage, wie viele Termine sie von ihren Verkäufern in der Woche erwarten. Wie wollen Sie etwas einfordern, das zu Beginn nicht klar vereinbart wurde? Vereinbaren Sie mit Ihren Mitarbeitern lieber ein paar Termine in der Woche weniger, aber überprüfen Sie die Umsetzung umso konsequenter.

Beispiel

Führungskraft: „Wie viele Termine hatten Sie letzte Woche?"

Mitarbeiter: „Das waren sieben."

Führungskraft: „Wie zufrieden sind Sie mit dieser Anzahl?"

Mitarbeiter: „Damit bin ich eigentlich sehr zufrieden. Es gibt ja auch noch andere Arbeiten zu erledigen."

Führungskraft: „Wie viel Zeit benötigen Sie für die komplette Abwicklung eines Termins, von der Vorbereitung über die Durchführung bis zur Nachbearbeitung?"

Mitarbeiter *(denkt nach und rechnet):* „Also, das sind mindestens so um die drei Stunden, wenn man alles zusammenzählt."

Führungskraft: „Drei Stunden pro Termin. Das sind 21 Stunden in der Woche. Wo arbeiten Sie hauptberuflich?"

Mitarbeiter *(lacht):* „Na, für dieses Unternehmen."

Führungskraft: „Wollen wir uns gemeinsam ansehen, wie Sie
zu mehr Terminen kommen?"

Mitarbeiter: „Na gut, da wird mir ja wohl nichts anderes
übrig bleiben."

Führungskraft: „Wie viele Termine in der Woche trauen Sie
sich zu?"

Diese Frage ist gut geeignet, um den Mitarbeiter aus der Reserve zu locken. Die Wahrscheinlichkeit ist groß, dass er nun eine größere Terminanzahl nennt, als die Zahl, die Sie vorgeschlagen hätten.

Mitarbeiter: „Gehen wir einmal von zehn Terminen in der
Woche aus."

Führungskraft: „Gut. Wie viele Termine müssen vereinbart
werden, damit zehn stattfinden?"

Auch diese Frage muss in jedem Gespräch zum Thema „Termine" vorkommen. Die Erfahrung zeigt nämlich, dass immer wieder Termine abgesagt werden. Und wenn zehn Termine stattfinden sollen, dann müssen in der Regel zwölf vereinbart werden.

Mitarbeiter: „Gut, dann werde ich wohl zwölf Termine
vereinbaren.".

Im weiteren Gesprächsverlauf wird der Telefonblock im Kalender eingetragen, die Kundengruppe ausgesucht, die Einstiegsfrage für die Telefonate geübt und das Controlling festgelegt.

Der Mitarbeiter wehrt sich in diesem Beispiel nicht dagegen, mehr Termine zu machen. Er weiß ja, dass er mehr Potenzial hätte, aber es lebt sich ja auch mit sieben Terminen ganz gut. Er denkt sich wohl, „solange mein Chef nicht mehr von mir will, bewege ich mit auch nicht schneller". Das Lachen nach guten Fragen ist übrigens oftmals ein Zeichen dafür, dass sich jemand ertappt fühlt.

Der Verkäufer wehrt sich gegen Controllingmaßnahmen

Ausgangssituation

Fast alle Verkäufer wehren sich gegen Controllingmaßnahmen. Sie lassen sich nicht gerne in die Karten sehen. Dabei spielt es keine große Rolle, ob Verkäufer als selbstständige Vertriebspartner für das Unternehmen arbeiten oder im Unternehmen angestellt sind. Mit dem Beruf des Verkäufers wird meist eine freie Zeiteinteilung verbunden. Hauptsache, die Ergebnisse sind im Großen und Ganzen in Ordnung. Es lassen sich in den Vertriebsteams fast immer Kollegen finden, deren Ergebnisse nicht so gut sind. Aus Sicht der Verkäufer sollten Sie zuerst diese schwächeren Kollegen fordern und sie selbst in Ruhe lassen.

Das Unternehmen hingegen weiß genau, wie viel mehr Potenzial insgesamt genutzt werden könnte, wenn die Verkäufer strukturierter arbeiten würden und ein konkreter Controllingprozess stattfinden würde.

Zwischen Unternehmens- und Verkäufersicht stehen Sie, und Sie wissen natürlich genau, wie groß Entwicklungsschritte sein könnten, wenn Planung und Begleitung des Erfolgs strukturierter stattfinden würden. Sie erleben an der Stelle das Dilemma, dass Sie etwas einfordern müssen, ohne die Beziehung zum Verkäufer dadurch zu gefährden. Das geht nur mit einer ausgefeilten Fragetechnik, die sich an den Vorteilen orientiert, die der Verkäufer hat, wenn er sich auf einen Controllingprozess einlässt.

Beispiel

Führungskraft:	„Herr Mitarbeiter, was glauben Sie denn, was ich heute mit Ihnen besprechen will?"
Mitarbeiter:	„Ich weiß es nicht genau. Die Umsätze in der letzten Woche waren doch ganz gut."
Führungskraft:	„Ja, das stimmt. Ich habe Ihnen ja schon gesagt, dass ich sehr froh bin, Sie in meinem Team zu haben. Ich habe aber auch ein Problem, das ich mit Ihnen heute besprechen will. Was glauben Sie, was das ist?"

Lassen Sie den Mitarbeiter nach Möglichkeit selbst sagen, welches Problem Sie im Moment miteinander haben. In den meisten Fällen kommt er selbst darauf, und das erhöht die Qualität der Problembearbeitung.

Mitarbeiter: „Sie meinen sicher diesen neuen Wochenplan, mit dem wir bis Freitag die Termine für die nächste Woche bekanntgeben sollen. Das habe ich nicht gemacht. Ich halte diesen Plan nicht für sinnvoll."

Führungskraft: „Was glauben Sie denn, warum unser Unternehmen diesen Wochenplan eingeführt hat?"

Mitarbeiter: „Um uns Verkäufer zu kontrollieren. Ich sehe für mich aber keinen Sinn darin, solange meine Ergebnisse in Ordnung sind."

Führungskraft: „Welchen Vorteil hätten Sie denn, wenn Sie am Freitag die Termine für nächste Woche melden würden?"

Mitarbeiter: „Na gut, um etwas zu melden, müsste ich es vorher getan haben."

Führungskraft: „Welchen Vorteil hätten Sie noch?"

Mitarbeiter: „Ich könnte ruhiger in die nächste Woche starten, weil schon alle Termine vereinbart sind."

Führungskraft: „Wie viele Termine hatten Sie denn in der vorigen Woche?"

Mitarbeiter: *(blättert im Kalender)* „Das waren acht Termine."

Führungskraft: „Wie viele Termine in der Woche hatten wir in unserem letzten Gespräch vereinbart?"

Mitarbeiter: „Wir hatten zwölf Termine in der Woche vereinbart."

Führungskraft: „Warum hatten wir zwölf Termine in der Woche vereinbart?"

Mitarbeiter: „Wir hatten zuerst ausgerechnet, dass ich zwölf Termine in der Woche abwickeln muss, wenn ich meine Kunden zumindest einmal im Jahr besuchen will."

Führungskraft: „Wie würde Ihnen denn die Meldung am Freitag bei der Sicherstellung Ihrer zwölf Termine in der Woche helfen?

Mitarbeiter: „Ich habe ja schon gesagt, dass ich nur etwas melden kann, wenn ich es vorher getan habe."

Führungskraft: „Wollen wir das eine Zeit lang probieren und dann gemeinsam entscheiden, ob Ihnen die Meldung am Freitag zur Sicherstellung Ihrer Termine hilft?"

Mitarbeiter: „Einverstanden, dann probieren wir das einmal aus."

Führungskraft: „Welchen   Zeitraum   halten   Sie   für angemessen?"

Mitarbeiter: „Gehen wir mal von einem Monat aus."

Führungskraft: „Gut, das heißt, dass ich an den nächsten vier Freitagen von Ihnen per Mail eine Information über Ihre Termine in der nächsten Woche bekomme. Bis wann kann ich damit rechnen?"

Mitarbeiter: „Ich telefoniere immer am Donnerstagabend. Die Information kann ich Ihnen am Freitag bis 12 Uhr liefern."

Führungskraft: „Welche Kundengruppe werden Sie denn am Donnerstag ansprechen?".

Der Verkäufer wehrt sich gegen den Einsatz von Unterlagen zur Erhebung von Kundendaten

Ausgangssituation

Gerade in der Finanzdienstleistung gibt es in fast jedem Unternehmen eine Unterlage, die auf mehreren Seiten Fragen für die Erhebung von Kundendaten enthält. Die Fragen betreffen die persönlichen Daten des Kunden, seine Wünsche und Pläne für die Zukunft sowie seine aktuellen Spar- und Versicherungsverträge und Ähnliches. Diese Unterlagen sind sehr gut geeignet, um die Bedürfnisse des Kunden genau zu erheben. Entsprechend des Bedarfs wird dann ein Paket geschnürt, das haargenau zu einem bestimmten Kunden passt. Die Praxis zeigt aber, dass die Verkäufer solche Unterlagen nur halbherzig einsetzen. Sie werden oft als zu umfangreich abgetan, und die Ausreden, warum die Kunden das nicht wollen, sind zahlreich. Arrivierte Verkäufer reden sich gerne damit raus, dass sie ihre Kunden doch kennen würden.

Der Sinn dieses Erhebungsprozesses muss dem Kunden natürlich zuerst verkauft werden. Verkäufer wissen auch oft nicht genau, wie sie das technisch sauber angehen sollen und schrecken dann schnell davor zurück.

Beispiel

Führungskraft:	„Die Sache, die ich heute mit Ihnen besprechen will, ist folgende: Mir ist aufgefallen, dass Sie den Kundenberatungsbogen nicht sehr häufig einsetzen. Wie kommt das?"
Mitarbeiter:	„Der Einsatz des Kundenberatungsbogens ist in vielen meiner Kundengespräche nicht notwendig. Sie wissen ja, dass ich schon lange im Geschäft bin und meine Kunden kenne."
Führungskraft:	„Bei welchen Kunden waren Sie denn gestern?"
Mitarbeiter:	„Das kann ich Ihnen genau sagen. Gestern habe ich die Kunden A, B, und C besucht."
Führungskraft:	*(Nimmt ein leeres Blatt und einen Stift zur Hand.)* „Nehmen wir einmal den Kunden C. Was wissen Sie über ihn?"

Bei dieser Vorgangsweise ist es sinnvoll, mit dem letztgenannten Kunden weiterzuarbeiten, weil der Verkäufer den wahrscheinlich am wenigsten gut kennt und damit der Lernprozess am effektivsten ist.

Mitarbeiter:	„Der hat schon seit einigen Jahren bei mir einen Bausparvertrag. Vor zwei Jahren hat er auch eine Rentenvorsorge abgeschlossen."
Führungskraft:	„Was wissen Sie noch?"
Mitarbeiter:	„Er hat ein oder zwei Kinder, ist aber – soweit ich weiß – geschieden."
Führungskraft:	„Welche Sparformen hat er bei anderen Unternehmen abgeschlossen?"
Mitarbeiter:	„Das weiß ich nicht."
Führungskraft:	„Wie soll seine Wohnsituation in ein paar Jahren aussehen?"
Mitarbeiter:	„Ich glaube nicht, dass er an seiner Wohnsituation was verändern will. Er hat eine schöne Eigentumswohnung."
Führungskraft:	„Wo hat er seine Hausratversicherung abgeschlossen?"
Mitarbeiter:	„Ich glaube bei der XY Versicherung."
Führungskraft:	„Welche Sparformen hat er für seine Kinder abgeschlossen?"
Mitarbeiter *(leicht genervt)*:	„Das kann ich nicht sagen."

Der Teilnehmer, der den Verkäufer spielte, sagte im anschließenden Feedback, dass ihm diese Situation sehr unangenehm war. Ihm war deutlich geworden, dass er nichts Genaues über den Kunden wusste, und dies war ihm peinlich.

Führungskraft:	„Welche Vorteile hätten Sie, wenn Sie all das über den Kunden wüssten?"
Mitarbeiter:	„Ja, ich habe verstanden, worauf Sie hinauswollen. Ich müsste den Kundenberatungsbogen wirklich öfter einsetzen."
Führungskraft:	„Welchen Vorteil haben Sie, wenn Sie den Kundenberatungsbogen automatisch in jedem Gespräch einsetzen?"

Mitarbeiter:	„Ich wüsste mehr über meine Kunden, könnte ihnen mehr Angebote unterbreiten und dadurch meinen Umsatz erhöhen."
Führungskraft:	„Welchen Vorteil haben Ihre Kunden, wenn Sie den Kundenberatungsbogen in jedem Gespräch einsetzen?"
Mitarbeiter:	„Sie können dann sicher sein, dass ich bei der Beratung nichts vergessen habe."
Führungskraft:	„Ja, das stimmt. Welchen Vorteil haben die Kunden noch?"
Mitarbeiter:	„Wünsche und Ziele werden für sie klar definiert."
Führungskraft:	„Sehr gut. Mit welchen Worten verkaufen Sie dem Kunden den Einsatz des Kundenberatungsbogens?"
Mitarbeiter:	„Das haben wir vor Kurzem im Seminar gelernt."
Führungskraft:	„Was genau haben Sie da gelernt?"
Mitarbeiter:	„Den Einstiegssatz für den Einsatz des Beratungsbogens:‚Herr Kunde, wollen wir uns gemeinsam ansehen, wie Sie Ihre Ziele und Wünsche in Zukunft realisieren können?'"
Führungskraft:	„Wunderbar. Und was folgt nach dieser Frage?"
Mitarbeiter:	„Eine Pause, das haben wir auch gelernt."
Führungskraft:	„Wie viele Termine haben Sie in der nächsten Woche?".

Der Verkäufer ist gut in der Beratung, aber weniger gut im Abschluss

Ausgangssituation

Bei diesem Beispiel handelt es sich um einen äußerst fleißigen Verkäufer. Er hat genügend Termine bei Kunden, und er bereitet sich auf die Kundengespräche gewissenhaft vor. Das Verhältnis zwischen Termin und Abschluss ist aber entwicklungsfähig. Die

Seminarteilnehmerin erzählte im Vorspann zu diesem Gespräch, dass sie mit diesem Mitarbeiter schon mehrmals beim Kunden gewesen war und den Eindruck gewonnen hatte, dass er sehr gute Fragen stellt, aber die Einleitung des Abschlusses verpasst.

Beispiel

Führungskraft:	„Woran erkennen Sie, dass der Kunde ‚reif‘ für den Abschluss ist?"
Mitarbeiter:	„Wenn der Kunde detaillierte Fragen stellt. Oder wenn er einfach sagt, dass ihm das Produkt gut gefällt."
Führungskraft:	„Gut, Sie beschreiben Kaufsignale des Kunden. Wenn Sie nun Kaufsignale erhalten, was müssten Sie dann sofort tun?"
Mitarbeiter:	„Sie meinen, ich müsste abschließen."
Führungskraft *(lächelt):*	„Ja, das wäre eine gute Idee. Was hält Sie denn davon ab, den Abschluss einzuleiten, wenn Sie das Gefühl haben, dass der Kunde kaufen will?"
Mitarbeiter:	„Es ist ein gewisses Unbehagen. Der Kunde könnte ‚Nein‘ sagen, und das wäre nicht so angenehm."
Führungskraft:	„Wie groß ist die Wahrscheinlichkeit, dass der Kunde ‚Nein‘ sagt, wenn er großes Interesse an einem Produkt zeigt?"
Mitarbeiter:	„Sie haben Recht, das ist nicht sehr wahrscheinlich."
Führungskraft:	„In der Beratung des Kunden stellen Sie sehr gute Fragen. Sie können auch mit den Pausen nach den Fragen sehr gut umgehen, das habe ich selbst schon erlebt, als ich Sie zum Kunden begleitet habe. Jetzt müssen wir nur noch eine Abschlussfrage finden, die genau zu Ihnen passt. Was fällt Ihnen dazu ein?"
Mitarbeiter:	„Abschlussfrage? Ich könnte den Kunden einfach fragen, ob er das so machen will."

Führungskraft: „Ja, und wenn Sie nun die exakte W-Frage formulieren wollen, wie lautet die dann?"

Mitarbeiter: „Herr Kunde, ich sehe, dass Ihnen das Produkt sehr gut gefällt. Wollen wir das denn nun so machen?"

Führungskraft: „Sehr gut. Und was muss nach dieser Frage erfolgen?"

Mitarbeiter: „Hoffentlich die Unterschrift des Kunden."

Führungskraft: „Was müssen Sie unmittelbar beachten, nachdem Sie die Frage gestellt haben?"

Mitarbeiter: „Ach, Sie spielen auf die Pause nach der Frage an. Das kann ich ganz gut."

Führungskraft: „Gut, dann üben wir noch die Abschlussfrage in einem kleinen Rollenspiel. Ich bin der Kunde.".

Das Einüben der Abschlussfrage klappt gut. Es wird aber auch klar, dass der Mitarbeiter mit Einwänden des Kunden in der Abschlussphase nicht sehr gut umgehen kann. Die Führungskraft bittet den Mitarbeiter aus diesem Grund, die typischen Einwände, die die Kunden in dieser Phase bringen, aufzuschreiben. Der Mitarbeiter beschreibt ein paar Einwände, auf die er immer wieder trifft. Gemeinsam werden dann Lösungen erarbeitet, aufgeschrieben und trainiert. In diesem Fall ist folgende Liste entstanden:

* Ihr Kollege vom Konkurrenzunternehmen ist billiger.
  Natürlich gibt es Preisunterschiede. Die Praxis hat aber gezeigt, dass ein Preisunterschied meist auch einen Unterschied in der Qualität bedeutet. Da stimmen Sie doch zu?
* Ich hole mir zuerst noch ein anderes Angebot.
  Ich sehe, Herr Kunde, dass ich Sie noch nicht restlos überzeugen konnte. Können Sie mir sagen, was für Sie noch offen ist?

- Das ist mir zu teuer.
  Ich verstehe, Herr Kunde, dass Ihnen der Betrag hoch erscheint. Vergleichen Sie aber die Vorteile, die Ihnen dieses Produkt bringt. Ist der Preis dafür nicht angemessen?
- Ich überlege es mir noch!
  Herr Kunde, ich sehe, dass Sie noch nicht restlos überzeugt sind. Überlegen wir doch gemeinsam. Welche Fragen sind für Sie noch offen?
- Aber unterschreiben tu ich heute nichts.
  Gut, dass Sie mich darauf hinweisen, Herr Kunde. Bei *mir* *dürfen* Sie gar nicht unterschreiben, bevor Sie nicht restlos überzeugt sind. Welche Punkte sind Ihnen noch unklar?

▶ Als Führungskraft sind Sie dafür verantwortlich, dass Ihre Mitarbeiter für die gängigen Einwände der Kunden im Verkaufsgespräch eine passende Antwort parat haben!

Der Verkäufer hat nach guten Phasen immer wieder längere Leerläufe

Ausgangssituation

„Höhen" und „Tiefen" wechseln sich im Berufsleben vieler Verkäufer ständig ab. Es ist fast so wie mit dem Wetter. Das Wetter kann man nicht beeinflussen, das Auf und Ab der Verkäufer mit einer guten Führungsarbeit aber schon.

Solche Verkäufer wehren sich besonders gerne gegen eine sehr konsequente Führungsarbeit, weil sie schon oft gezeigt haben, dass sie immer wieder selbst aus den „Löchern" herausfinden. Meist sind das auch Leute, die in Hochphasen sehr gute Ergebnisse abliefern, sodass sie insgesamt zu den besseren Verkäufern im Team gehören. Der Handlungsbedarf ist deshalb für Führungskräfte nicht so offensichtlich.

Beispiel

Führungskraft:	„Herr Mitarbeiter, ich habe mir am Wochenende Ihre Leistungskurve für das gesamte vergangene Jahr angesehen. Was glauben Sie, was mir dabei aufgefallen ist?"
Mitarbeiter:	„Wahrscheinlich meine sehr guten Ergebnisse. Ich habe mich im Vergleich zum Jahr davor ganz schön gesteigert."
Führungskraft:	„Ja, das stimmt, das letzte Jahr war für Sie insgesamt ein gutes Jahr. Wissen Sie noch, welche Monate besonders gut gelaufen sind?"
Mitarbeiter:	„Ich hatte ein sehr gutes erstes Quartal, und das Jahresschlussgeschäft ist auch sehr gut gelaufen. Dazwischen gab es auch Monate, die nicht so gut waren."
Führungskraft:	„Sie haben das sehr gut beschrieben. Ich sehe das auch so ähnlich. Sie haben in sechs starken Monaten 80 Prozent des Jahresgeschäfts geschrieben."
Mitarbeiter:	„Man benötigt ja auch Erholungsphasen. Sonst kann man den Arbeitseinsatz in der starken Zeit gar nicht bewältigen."
Führungskraft:	„Was verstehen Sie unter einer Erholungsphase?"
Mitarbeiter:	„Wenn man es einfach einmal weniger stressig zugeht."
Führungskraft:	„Was heißt für Sie weniger stressig?"
Mitarbeiter:	„Wenn einmal ein paar Tage lang keine Termine stattfinden."
Führungskraft:	„Welchen Vorteil hätten Sie, wenn Sie kontinuierlich arbeiten würden?"

Mitarbeiter: „Ich kann ja nicht das ganze Jahr hindurch mit Volldampf fahren, das hält ja kein Mensch aus."

Führungskraft: „Das verlange ich auch nicht von Ihnen. Aber nochmals die Frage: Welchen Vorteil hätten Sie, wenn Sie kontinuierlich arbeiten würden?"

Mitarbeiter: „Ich hätte natürlich mehr Geld."

Führungskraft: „Welchen Vorteil noch?"

Mitarbeiter: „Meine Kunden wären noch besser betreut."

Führungskraft: „Welchen Vorteil noch?"

Mitarbeiter: „Ich könnte einmal zu den Top-Verkäufern gehören."

Das lästige „Was noch"-Fragen hat den Sinn, dass der Mitarbeiter mehrere Motive für sich findet. Dann können Sie ausloten, welches Motiv das stärkste ist und damit weiterarbeiten. In diesem Fall hat die Führungskraft die drei Motive auf einem Zettel mitgeschrieben und arbeitet nun damit weiter.

Führungskraft: „Also, Sie sagten Geld, besser betreute Kunden und Top-Verkäufer sein. Welches dieser drei Motive fasziniert Sie am meisten?

Mitarbeiter: „Das ist sicher das Geld."

Führungskraft: „Was muss denn passieren, damit Ihre Leerläufe weniger oder kürzer werden?"

Mitarbeiter: „Ich müsste jede Woche eine Mindestanzahl von Terminen haben."

Führungskraft: „An welche Zahl haben Sie dabei gedacht?"

Mitarbeiter: „Sagen wir sechs bis zehn."

Führungskraft: „Was nun, sechs oder zehn?"

Mitarbeiter: „Gut, dann nehmen wir acht."

Führungskraft: „Was muss nun passieren, dass jede Woche mindestens acht Termine stattfinden?".

Der Verkäufer hat eine Vereinbarung nicht eingehalten

Ausgangssituation

Nehmen wir an, Sie haben mit einem Mitarbeiter eine klare Vereinbarung getroffen, die er jedoch nicht eingehalten hat. Jetzt muss unmittelbar ein Gespräch stattfinden, in dem Sie klar Ihre Verärgerung zum Ausdruck bringen. In dieser Situation, die für Ihre weitere Beziehung zum Mitarbeiter äußerst wichtig ist, müssen Sie Emotionen zeigen. Sie dürfen nicht über dieses Fehlverhalten hinwegsehen. Jede weitere Vereinbarung können Sie sich sonst schenken.

In unserem Beispiel liegt folgende Ausgangssituation vor: Der Mitarbeiter hatte mit der Führungskraft vereinbart, seine Termine für nächste Woche bis Freitag per E-Mail mitzuteilen. Das ist schon zum zweiten Mal nicht geschehen. Beim ersten Mal haben Sie sich noch vertrösten lassen, dass die Meldung in der nächsten Woche sicher käme. Nun ist es wieder nicht passiert.

Beispiel

Führungskraft:	„Herr M, was glauben Sie, worüber ich mit Ihnen reden will?"
Mitarbeiter:	„Ja, ich weiß, die Meldung der Termine."
Führungskraft:	„Ich bin jetzt wirklich sehr verärgert. Wie sollte ich Ihrer Ansicht nach damit umgehen, dass ich mich auf einen Mitarbeiter nicht verlassen kann?"

Diese Frage löste beim Teilnehmer, der den Mitarbeiter spielte, sehr große Betroffenheit aus. In der Zeitlupe konnten wir erkennen, dass sich seine Mundwinkel nach unten verschoben und er mit dem Oberkörper so weit zurückwich, dass er fast aus dem Bild verschwand.

Ich stoppte die Wiedergabe an dieser Stelle und fragte den Verkäufer, wie er sich denn in dieser Situation gefühlt habe. Er erwiderte, dass er sehr betroffen gewesen sei und dass er vor allem die Pause nach der Frage fast als bedrohlich erlebt hätte. Und das alles, obwohl es „nur" ein Rollenspiel war.

Beispiel (Fortsetzung)

Mitarbeiter:	„Ich verstehe, dass Sie sich jetzt über mich ärgern. Wie kann ich das wieder gut machen?"
Führungskraft:	„Ich will von Ihnen nur, dass Sie Ihren Job wie vereinbart ausführen. Bis wann erhalte ich am Freitag die Termine für die nächste Woche?"
Mitarbeiter:	„Bis 18 Uhr, versprochen."
Führungskraft:	„Was sollen wir tun, wenn Sie dies wieder vergessen?"
Mitarbeiter:	„Ich habe eine Idee. Ich programmiere jetzt gleich die Erinnerungsfunktion auf meinem Handy für ein Erinnerungssignal am Freitag um 17:30 Uhr. Dann kann ich es nicht vergessen."
Führungskraft:	„Das ist eine gute Idee. Trotzdem nochmals die Frage: Was tun wir, wenn ich die Meldung bis Freitag 18 Uhr wieder nicht habe?
Mitarbeiter:	„Dann lade ich Sie zum Essen ein."
Führungskraft:	„An welchem Tag in dieser Woche telefonieren Sie?"
Mitarbeiter:	„Ich telefoniere immer mittwochs, und zwar abends."
Führungskraft:	„Welche Kundengruppe werden Sie diesmal ansprechen?".

Es handelte sich bei diesem Beispiel sicher um keinen unwilligen Mitarbeiter, aber um einen Mitarbeiter, der es eben mit seinen Zusagen nicht so ernst nimmt. Als Führungskraft sind Sie gefordert, einen „Erziehungsprozess" einzuleiten und so lange am Thema zu bleiben, bis der Mitarbeiter verinnerlicht hat, dass für Sie eine Vereinbarung wirklich eine Vereinbarung ist.

Der Verkäufer hat sein Jahresziel schon Ende Oktober erreicht und gibt sich damit zufrieden

Ausgangssituation

Wenn ich dieses Beispiel mit meinen Seminarteilnehmern bespreche, dann sagen die meisten, dass Sie froh wären, wenn Sie mehrere Verkäufer in Ihrem Team hätten, die ihr Jahresziel schon Ende Oktober erreicht haben. Dann wären aber die Ziele eindeutig zu niedrig vereinbart.

Im Vorspann des Gesprächs beschreibt die Führungskraft die konkrete Situation folgendermaßen: Der Mitarbeiter hatte durch großen Einsatz und auch ein bisschen Glück ein extrem gutes Jahr erwischt und das vereinbarte Ziel tatsächlich schon im Oktober erreicht. Nun zeigte sich der Mitarbeiter mit seinem Ergebnis zufrieden und schaltete mindestens einen Gang zurück. Im folgenden Gespräch wollte der Vorgesetzte üben, wie er den Mitarbeiter dazu bewegen könnte, sich auch im weiteren Verlauf des Jahres noch voll einzusetzen.

Beispiel

Führungskraft:	„Was glauben Sie denn, was ich heute mit Ihnen besprechen will?"
Mitarbeiter:	„Zu meinen guten Leistungen in diesem Jahr haben Sie mir ja schon gratuliert. Ich weiß nicht, was Sie jetzt noch von mir wollen?"
Führungskraft:	„Welche Vorteile hätten Sie, wenn Sie mit demselben Tempo bis zum Jahresschluss arbeiten würden?"
Mitarbeiter:	„Das kann jetzt aber nicht Ihr Ernst sein. Nun seien Sie doch einmal zufrieden!"
Führungskraft:	„Ich bin ja zufrieden, sogar sehr zufrieden mit Ihnen. Aber nochmals: Welchen Vorteil hätten Sie, wenn Sie bis zum Jahresende so weitermachen würden?"

Es ist ganz wichtig, dass Sie an der Stelle, an der der Mitarbeiter den Einwand vorbringt, nicht aus dem Prozess aussteigen, sondern weitermachen: Dieselbe Frage wird noch einmal gestellt. Ein Führungsgespräch ist ein Verkaufsgespräch. Genauso wie Verkäufer sind Führungskräfte aufgefordert, den Einwand zwar ernst zu nehmen, aber dennoch beim Thema zu bleiben. Wenn Sie die Frage ein zweites Mal stellen, kann der Mitarbeiter nicht mehr ausweichen.

Mitarbeiter:	„Ich würde natürlich mehr Geld verdienen."
Führungskraft:	„Was glauben Sie denn, was in diesem Jahr noch an Provision für Sie möglich wäre?"
Mitarbeiter:	„Wenn ich das Geld, das ich bisher in diesem Jahr verdient habe, als Basis nehme, wären wohl noch einmal X € möglich."
Führungskraft:	„Also gut, X Euro. Wie würden Sie das Geld ausgeben?".

Der Verkäufer redet im Verkaufsgespräch zu viel

Ausgangssituation

Im Kapitel *Fragen- und Pausentechnik* habe ich ausführlich gezeigt, dass Verkäufer zum Vielreden neigen und ihr Redeanteil in den Verkaufsgesprächen fast immer zu groß ist. Aus diesem Grunde dauern Verkaufsgespräche fast immer zu lange. Oft kommt es dann auch zu keinem Abschluss, weil so viel erzählt worden ist, dass sich der Kunde gar nicht mehr auskennt. Und für das Cross-Selling und die Empfehlung fehlen dann oft die Zeit und die Energie.

In der Gesprächsvorbereitung erzählt die Führungskraft, dass der betreffende Verkäufer ein sehr guter Fachmann ist. Er kann dem Kunden durch gute Beispiele komplizierte Zusammenhänge verständlich machen. Leider bringt er aber in den Gesprächen viel zu viele Beispiele.

Beispiel

Führungskraft: „Was glauben Sie denn, was ich heute mit Ihnen besprechen will?"

Mitarbeiter: „Die Ergebnisse im letzten Monat waren wohl nicht sehr erfreulich."

Führungskraft: „Ja, das stimmt. Dabei hatten Sie doch laut Ihrer Meldung genügend Verkaufsgespräche. Woran lag es dann, dass die Ausbeute so gering war?"

Mitarbeiter: „Die Kunden konnten sich einfach nicht entscheiden. Sie wissen ja, dass ich vor allem im Verkauf des Produktes X stark bin. Bei diesem Produkt kenne ich mich fachlich sehr gut aus. Ich bringe sehr ausführliche Erklärungen, aber es kam in dieser Woche zu keinem Abschluss."

Führungskraft: „Wie lange dauern denn Ihre Verkaufsgespräche im Schnitt?"

Mitarbeiter: „Wenn ich dem Kunden die Sachverhalte ordentlich erklären will, dann sind zwei Stunden schnell vergangen."

Führungskraft: „Wie würde es Ihnen gehen, wenn ein Verkäufer Ihnen zwei Stunden lange ein Produkt erklären will?"

Mitarbeiter: „Sie haben Recht, das ist schon eine lange Zeit."

Führungskraft: „Ich weiß ja, dass Sie in Ihren Kundengesprächen gute Beispiele bringen. Nehmen wir das Produkt X. Welche Beispiele bringen Sie dem Kunden, damit er den Sachverhalt versteht?"

An dieser Stelle ist es wichtig, dass Sie sich mit der Frage „ Was noch…" einen genauen Überblick über alle Beispiele, Unterlagen und sonstige Argumentationshilfen verschaffen, die der Verkäufer im Verkaufsgespräch einsetzt. Dann können Sie folgendermaßen fortfahren:

Führungskraft:	„Welches Beispiel beziehungsweise welche Unterlage beeindruckt die Kunden erfahrungsgemäß am meisten?"
Mitarbeiter:	„Das ist meistens ein Chart. Moment, ich kann es Ihnen zeigen, ich habe es sogar dabei."
Führungskraft:	„Das ist wirklich ein beeindruckendes Chart. Wo haben Sie das her?"
Mitarbeiter:	„Aus einer Fachzeitschrift."
Führungskraft:	„Können Sie sich vorstellen, *nur diese* Unterlage im Verkaufsgespräch zu verwenden?"
Mitarbeiter:	„Ich weiß nicht, das muss ich mir überlegen."
Führungskraft:	„Wie viel Zeit würden Sie sparen?"
Mitarbeiter:	„Sicher eine gute Stunde. Aber ich weiß nicht, ob die Kunden damit schon den Sachverhalt verstehen."
Führungskraft:	„Wie könnten Sie denn feststellen, ob die Kunden den Sachverhalt mit diesem einen Chart schon verstehen?"
Mitarbeiter:	„Ja, ich müsste es ausprobieren."
Führungskraft:	„Und wann fangen Sie damit an?".

Der Verkäufer wehrt sich gegen die Begleitung der Führungskraft zu einem Kunden

Ausgangssituation

Das Thema „Training-on-the-Job" ist in vielen Beziehungen zwischen Führungskraft und Verkäufer ein „heißes Eisen". Weiterentwicklung von Verkäufern setzt voraus, dass die Führungskraft die Stärken und Schwächen des Verkäufers im „Echtgespräch" beim Kunden beobachten kann. Es gibt viele Gründe, das „Training-on-the-Job" nicht durchzuführen. Verkäufer klagen darüber, dass sie nicht „echt" sind, wenn die Führungskraft dabei ist. Führungskräfte wollen sich auf den Konflikt mit den Verkäufern, der daraus entstehen kann, nicht einlassen.

Am „Training-on-the-Job" führt jedoch kein Weg vorbei. Damit das „Training-on-the-Job" gut gelingen kann, müssen folgende Punkte beachtet und realisiert werden:

• Lassen Sie den Verkäufer das Gespräch führen.
  – Im „Training-on-the-Job" mit arrivierten Mitarbeitern geht es darum, dass *Sie* jemand anderem helfen, in *seinem* Handeln stärker zu werden. Es geht nicht darum, dass *Sie* jemand anderem zeigen, wie es geht. Wenn Sie neue Leute einschulen, spricht natürlich nichts dagegen, dass Sie das eine oder andere Mal zeigen, wie denn ein Verkaufsgespräch ablaufen soll. Grundsätzlich gilt aber, dass Sie als Führungskraft der Coach sind und nicht der Spieler.
• Klären Sie mit Ihrem Verkäufer, worauf Sie als Beobachter im Gespräch besonders achten werden.
• Klären Sie ab, in welcher Rolle (Chef, Coach, Fachmann…) Sie beim Kunden vorgestellt werden.
• Klären Sie, wie und wo Sie Gelegenheit haben werden, das Gespräch zu analysieren.

In der Ausgangssituation für das folgende Gespräch beschreibt die Führungskraft einen mittelmäßigen Mitarbeiter, der sich gegen einen gemeinsamen Kundenbesuch wehrt. Vor einiger Zeit gab es offenbar schon gemeinsame Kundenbesuche, die auch erfolgreich waren:

Beispiel

Führungskraft:	„Herr Mitarbeiter, wann gehen wir wieder einmal gemeinsam zu einem Kunden?"
Mitarbeiter:	„Sie wissen ja, dass ich dies nicht toll finde. Und die Kunden wollen das auch nicht."
Führungskraft:	„Woher wissen Sie denn, dass das die Kunden auch nicht wollen?"
Mitarbeiter:	„Ich weiß es nicht genau, ich denke mir das einfach."

Führungskraft:	„Wie erkennen Sie denn Ihre gegenwärtigen Entwicklungsfelder im Verkaufsgespräch?"
Mitarbeiter:	„Ja, es gibt sicher ein paar Dinge, die ich nicht so gut kann. Das weiß ich auch selbst."
Führungskraft:	„Was wäre denn das zum Beispiel?"
Mitarbeiter:	„Die Abschlussphase gelingt mir oft nicht so gut, wie ich das gerne hätte."
Führungskraft:	„Woran liegt das?"
Mitarbeiter:	„Das kann ich nicht genau sagen. Ich denke, ich zerrede am Schluss das Geschäft."
Führungskraft:	„Welchen Vorteil haben Sie, wenn ich mir beim Kunden ein Bild darüber mache, wie genau Sie in der Abschlussphase vorgehen?"
Mitarbeiter:	„Die Frage ist, ob ich davon profitieren könnte."
Führungskraft:	„Was müsste ich tun, damit Sie von meiner Begleitung für die Gestaltung Ihrer Abschlussphase profitieren können?"
Mitarbeiter:	„Vielleicht können Sie mir ein Zeichen geben, wenn Sie der Meinung sind, dass der Kunde reif für den Abschluss ist?"
Führungskraft:	„Ja, gerne. Details dazu können wir gleich vereinbaren. Legen wir zuerst einmal die gemeinsamen Termine fest. Ich habe nächste Woche Mittwoch am Vormittag oder Dienstag am Abend Zeit. Wann passt es Ihnen besser?".

Der Verkäufer will keinen Juniorpartner akzeptieren

Ausgangssituation

Der Mitarbeiter hat im Laufe seines Arbeitslebens einen großen Kundenbestand, den er alleine kaum noch ordentlich betreuen kann. Eine einfache Lösung für dieses Problem wäre das Hereinnehmen eines Juniorpartners, der nach und nach einen Teil des Kundenbestandes des arrivierten Mitarbeiters übernehmen kann. Für diesen

Fall gibt es in den meisten Unternehmen ausgearbeitete Regeln für eine Teilung der Provision zwischen „Seniorpartner" und „Junior-partner". Die arrivierten Mitarbeiter wehren sich jedoch oft gegen eine solche Vorgehensweise, da sie befürchten, dass ihre Kunden einen anderen Betreuer nicht akzeptieren würden.

Beispiel

Führungskraft:	„Wo kaufen denn die Kunden in Ihrem Bestand, die von Ihnen nicht betreut werden?"
Mitarbeiter:	„Ich betreue meine Kunden doch gut."
Führungskraft:	„Wie viele Kunden haben Sie denn gegenwärtig?"
Mitarbeiter:	„Sie wissen doch, dass es schon über 1000 Kunden sind, die ich betreue."
Führungskraft:	„Was glauben Sie denn, wie oft im Jahr ein Kunde besucht werden soll, damit er sich gut beraten fühlt?"
Mitarbeiter:	„Einmal im Jahr wäre ein Besuch natürlich empfehlenswert. Meine Kunden kommen auch häufig zum mir ins Büro, wenn sie etwas brauchen."
Führungskraft:	„Wie viele Termine haben Sie im Schnitt in der Woche?"
Mitarbeiter:	„Sie wissen doch, dass ich fast immer 15 Termine durchführe."
Führungskraft:	„Ja, ich sehe immer wieder anhand Ihrer Wochenpläne, dass Sie sehr fleißig arbeiten. Aber mit 15 Terminen in der Woche können Sie trotzdem nur gut die Hälfte Ihrer Kunden einmal im Jahr besuchen. Wie sehen Sie das?"
Mitarbeiter:	„Ich merke, dass Sie mir schon wieder eine Juniorpartnerschaft *verkaufen* wollen."
Führungskraft:	„Ja, Sie haben Recht. Wie müsste denn eine Juniorpartnerschaft gestaltet werden, damit alle Beteiligten davon profitieren können?"

Mitarbeiter:	„Sie meinen, ich und die Kunden."
Führungskraft:	„Ja, und das Unternehmen sowie den Junior-partner natürlich auch."
Mitarbeiter:	„Ich weiß ja nicht, ob meine Kunden es akzeptieren würden, wenn ich einen Junior-partner einführen würde."
Führungskraft:	„Was wäre denn die Voraussetzung dafür, dass Ihre Kunden es akzeptieren würden?"
Mitarbeiter:	„Es müsste jemand sein, der sich genauso gut um die Kunden kümmert wie ich. Ja, und ich müsste ihn bei meinen Kunden persönlich einführen."

Die Juniorpartnerschaft ist verkauft worden. Jetzt geht es nicht mehr darum, ob etwas gemacht werden soll, sondern wie es gemacht werden soll.

Führungskraft:	„Wen kennen Sie denn, mit dem Sie gerne als Juniorpartner zusammenarbeiten würden?"
Mitarbeiter *(denkt nach):*	„Mir fällt im Augenblick niemand ein. Wüssten Sie jemanden?"
Führungskraft:	„Ich hatte letzte Woche ein interessantes Gespräch mit einem jungen Mann, den ich von einem anderen Unternehmen für uns abwerben will. Ich könnte mir vorstellen, dass der ganz gut zu Ihnen passen würde."
Mitarbeiter:	„Dann stellen Sie mir den jungen Mann doch einmal vor".

Der Verkäufer wendet für seinen Job zu wenig Zeit auf

Ausgangssituation

Der Verkäuferberuf ist ein Beruf, in dem man sich überwiegend die Zeit selbst einteilen kann. Diese Freiheit verleitet aber auch schnell mal dazu, Dinge aufzuschieben, weil ja morgen auch noch ein Tag ist. Diese Verkäufer erreichen meistens mit einem Mini-mum an Aufwand immer noch ganz respektable Ergebnisse. Man kann sich leicht vorstellen, welche Spitzenleistung solche Verkäufer abliefern könnten, wenn sie den Arbeitseinsatz verdoppeln würden. Aber auch dann wären sie noch lange nicht am zeitlichen Limit angelangt.

Beispiel

Führungskraft: „Herr Mitarbeiter, wir hatten uns vor zwei Wochen in einem ausführlichen Gespräch einem bestimmten Thema gewidmet. Wissen Sie noch, was es war?"

Mitarbeiter: „Ja, natürlich, es ging um meine Arbeitszeit. Sie waren der Meinung, dass ich zu wenig Zeit in meinen Job investiere."

Führungskraft: „Sie haben damals versprochen, mehr Zeit zu investieren. Wenn ich mir die Terminanzahl und die Ergebnisse der letzten beiden Wochen ansehe, kann ich zwar eine kleine Entwicklung erkennen, Sie sind aber immer noch weit von dem entfernt, was wir ausgemacht haben."

Mitarbeiter: „Es stimmt, dass ich noch nicht ganz bei den vereinbarten Zielen bin. Aber ich habe in den letzten Wochen deutlich mehr gearbeitet als früher."

Führungskraft: „Wie lange benötigen Sie für die Durchführung eines Termins?"

Mitarbeiter: „Wenn ich alles rechne, sprich die Vorbereitung, die Anfahrt, die Durchführung, die Nacharbeit, dann sind es sicher drei Stunden pro Termin."

Führungskraft: „Sie hatten in den letzten beiden Wochen jeweils sieben Termine. Wenn man das mit drei Stunden multipliziert, dann kommt man auf 21 Arbeitsstunden."

Mitarbeiter:	„So habe ich das noch nicht gerechnet."
Führungskraft:	„Was glauben Sie denn, wie lange ich mit jemanden arbeiten will, der seine Arbeit nicht ernst nimmt?"
Mitarbeiter:	„Wollen Sie mir jetzt drohen?"
Führungskraft:	„Ich will Ihnen nicht drohen, aber ich will Ihnen deutlich machen, dass es für Sie in diesem Unternehmen keine Zukunft gibt, wenn Sie nicht mehr Einsatz zeigen."
Mitarbeiter:	„Es gefällt mir hier aber gut, und ich will auch hier bleiben."
Führungskraft:	„Gut, was sind Sie denn bereit, dafür anzubieten?"
Mitarbeiter:	„Sagen Sie mir die Anzahl von Terminen, die ich in einer Woche machen soll."
Führungskraft:	„Sie sagten, Sie benötigen drei Stunden für einen Termin. Wie viele Termine in der Woche trauen Sie sich zu?"
Mitarbeiter:	„Es gibt ja auch noch andere Tätigkeiten, die erledigt werden müssen. Aber zwölf Termine müssten möglich sein. Kundenpotenzial habe ich ja genug."

Führungskraft: „Mit zwölf Terminen bin ich einverstanden. Wie können Sie sicherstellen, dass Sie ab sofort regelmäßig zwölf Termine in der Woche durchführen?".

Der Verkäufer meidet die Neukundenakquise am Telefon

Ausgangssituation

Die telefonische Terminvereinbarung mit unbekannten Menschen gehört zum Schwierigsten, was der Beruf des Verkäufers mit sich bringt. Das Hauptproblem liegt in der persönlichen Blockade, die die Verkäufer in diesem Zusammenhang aufbauen. Wenn aber die richtige Technik angewendet wird, dann ist auch dieses Problem zu lösen. Der Verkäufer kann sich Druck wegnehmen, wenn er von vornherein eine Erfolgquote erwartet, die natürlich niedriger ist, als bei Telefonaten mit Kunden aus seinem Bestand.

Beispiel

Führungskraft:	„Herr Mitarbeiter, was würden Sie denn zum jetzigen Zeitpunkt als Ihr Hauptproblem betrachten?"
Mitarbeiter:	„Mir gehen momentan die Kunden aus. Ich weiß nicht, woher ich neue Kunden nehmen soll."
Führungskraft:	„Was haben Sie denn schon alles ausprobiert?"
Mitarbeiter:	„Bisher noch wenig. Ich habe ein schlechtes Gefühl dabei, wenn ich mir vorstelle, unbekannte Menschen anzurufen."
Führungskraft:	„Was glauben Sie denn, mit welchem Produkt Ihnen eine Neukundenakquise am leichtesten fallen würde?"
Mitarbeiter:	„Wir haben das Produkt A, das mir persönlich sehr gut gefällt. Es gibt auch sicher genügend Menschen, die davon profitieren könnten, aber ich weiß nicht genau, wie ich das angehen soll."
Führungskraft:	„Das Produkt A ist doch auf Kunden zugeschnitten, die ein bestimmtes Gewerbe betreiben. Wo finden Sie diese Leute?"
Mitarbeiter:	„Das wäre nicht das Problem. Eine Liste von möglichen Interessenten lässt sich schnell finden. Es gibt ja Branchenverzeichnisse, die solche Informationen enthalten, es gibt das Internet, und es gibt auch das Telefonbuch."
Führungskraft:	„Gut, das Herausfinden von möglichen Interessenten ist also nicht Ihr Problem. Was ist es dann?"

Mitarbeiter:	„Ich habe ein ungutes Gefühl, Menschen, die ich nicht kenne, anzurufen."
Führungskraft:	„Was könnte denn in einem solchen Telefonat im schlimmsten Fall passieren?"
Mitarbeiter:	„Die Kunden könnten keinen Termin vereinbaren wollen."
Führungskraft:	„Ja, die Kunden könnten ‚Nein' sagen. Das wird in manchen Fällen auch sicher so sein. Welche Voraussetzungen müssen denn eintreten, damit die Anzahl der ‚Neins' möglichst klein bleibt?"
Mitarbeiter:	„Ich müsste am Telefon ziemlich gut sein."
Führungskraft:	„Was meinen Sie damit genau?"
Mitarbeiter:	„Der Kunde muss überzeugt sein, dass ihm ein Termin mit mir einen Vorteil bringt."
Führungskraft:	„Wie erkennt der Kunde am ehesten einen Vorteil für sich?"
Mitarbeiter:	„Wenn ich einen guten Einstiegssatz finde."
Führungskraft:	„Welcher Einstiegssatz fällt Ihnen ein?"
Mitarbeiter:	„Momentan fällt mir kein passender Satz ein."
Führungskraft:	„Ich habe hier ein paar Vorschläge. Sehen Sie sich diese Sätze doch bitte einmal an. Welcher gefällt Ihnen am besten?"

Die Führungskraft legt dem Verkäufer drei Vorschläge für den Einstieg in das Telefonat mit Neukunden vor (siehe auch mein Buch: Auf dem Weg zum Profi im Verkauf).

- *„Herr Maier, ich möchte Ihnen eine neuartige Serviceleistung unseres Unternehmens vorstellen, die Ihnen große Vorteile bringt. Passt es Ihnen am Montag um 15 Uhr oder besser am Mittwoch um 17 Uhr?"*

- *„Herr Maier, unser Unternehmen hat ein neues Produkt herausgebracht, das völlig neuartige Ansätze bei der Lösung des Problems X ermöglicht. Darf ich Ihnen dieses Produkt* *am Montag um 15 Uhr oder besser am Mittwoch um 17 Uhr präsentieren? "*

• *„Herr Maier, ich möchte mich gerne persönlich davon überzeugen, dass Sie schon alle marktüblichen Vorteile der Dienstleistung X nutzen. Darf ich Sie am Montag um 15 Uhr oder besser am Mittwoch um 17 Uhr besuchen? "*

Führungskraft: „Welche dieser Möglichkeiten gefällt Ihnen am besten?"

Mitarbeiter: „Das zweite Beispiel passt sehr gut zu mir."

Führungskraft: „Gut, dann schreiben Sie diesen Satz doch bitte auf... Lassen Sie uns diesen Satz ein paar Mal üben. Ich bin der Kunde."

Die Übung findet statt, und es bereitete mir ein Vergnügen, dabei zuzusehen, wie der Mitarbeiter immer besser und besser wurde.

Führungskraft: „Das hat ja wunderbar geklappt. Wie haben Sie sich dabei gefühlt?"

Mitarbeiter: „Ich bin immer sicherer geworden. Wichtig ist anscheinend, dass der Einstiegssatz perfekt passt."

Führungskraft: „Wie schätzen Sie denn Ihre Erfolgquote bei der Neukundenakquise am Telefon ein?"

Mitarbeiter: „Da bin ich realistisch. Mit einer Quote von 1:5 wäre ich sicher zufrieden."

Führungskraft: „Ich denke auch, dass Sie das schaffen werden.".

Im weiteren Gespräch wurde dann festgelegt:

• *Woher sollen die Adressen generiert werden?*
• *Wann soll der Telefonblock stattfinden?*
• *Wie viele Termine sollen dabei mindestens entstehen?*
• *Wie viele Telefonate sind bei einer angenommenen Quote von 1:5 zu erwarten?*

Wichtig ist, dass dem Mitarbeiter bewusst geworden ist, dass er nicht in jedem Telefonat einen Termin erhalten wird. Damit wurde eine mögliche Frustration des Mitarbeiters bereits im Voraus abgewehrt.

Sind die Termine vereinbart worden, muss mit diesem Mitarbeiter noch ein Gespräch stattfinden. In diesem Gespräch übt der Mitarbeiter, die Empfehlung anzusprechen, damit er dann nicht bald wieder ohne Termine dasteht.

Der Verkäufer ist gut, verkauft aber kaum Rentenvorsorgen

Ausgangssituation

Das Thema „Rentenvorsorgen" können Sie natürlich durch jedes andere Produkt Ihres Unternehmens ersetzen, das ein bestimmter Mitarbeiter im Durchschnitt weniger verkauft, als es andere tun. Da viele meiner Kunden im Bereich Finanzdienstleistung angesiedelt sind, möchte ich dieses Thema hier noch im Detail ausführen.

Die Rentenvorsorge der Kunden wird in Deutschland und Österreich staatlich gefördert. Es gibt sogar Produkte, die eine besonders hohe staatliche Förderung genießen, wie beispielsweise die *Riester-Rente*. Zum gegenwärtigen Zeitpunkt sind in Deutschland schon zehn Millionen Riester-Renten verkauft worden, und die Tendenz ist weiter steigend. Es gibt absolut keinen Grund dafür, warum der Finanzdienstleister dieses Produkt nicht in *jedem* Kundengespräch ansprechen sollte.

Beispiel

Führungskraft: „Frau S, wo kaufen Ihre Kunden ihre Riester-Rente?"

Mitarbeiterin: „Na, ich hoffe doch, bei mir."

Führungskraft: „Wie viele Riester-Renten haben Sie denn in den letzten zwei Monaten verkauft?"

Mitarbeiterin: „Das waren nicht sehr viele. Ich glaube, es waren drei."

Führungskraft: „Was ist denn Ihrer Ansicht nach der größte Vorteil der Riester-Rente?"

Mitarbeiterin: „Das ist die staatliche Förderung."

Führungskraft: „Wer ist denn verantwortlich dafür, dass Ihre Kunden die staatliche Förderung erhalten können?"

Mitarbeiterin: „Natürlich ich."

Führungskraft: „Wie viele Kunden haben Sie denn in Ihrem Bestand?"

Mitarbeiterin: „Das sind über 300."

Führungskraft: „Was glauben Sie, wie viel Prozent Ihrer Kunden im kommenden Jahr eine Riester-Rente irgendwo am Markt kaufen werden?"

Mitarbeiterin: „Das weiß ich nicht genau. Aber etwa 20 Prozent werden es schon sein."

Führungskraft: „20 %. Das wären dann 60 Kunden. Was muss passieren, damit diese 60 Kunden das Produkt bei Ihnen kaufen?"

Mitarbeiterin: „Ich müsste die Kunden regelmäßig darauf ansprechen!"

Führungskraft: „Was heißt denn für Sie regelmäßig?"

Mitarbeiterin: „Sie meinen, ich sollte das in jedem Gespräch tun?"

Führungskraft: „Welchen Vorteil hätten Sie, wenn Sie das tun?"

Mitarbeiterin: „Die Abschlüsse würden deutlich mehr werden."

Führungskraft: „Fällt Ihnen eine gute Frage ein, mit der Sie das Thema beim Kunden ansprechen können?"

Mitarbeiterin: „Ich könnte den Kunden einfach fragen, ob er die Riester-Rente bereits hat."

Führungskraft: „Sehr gut. Wie viele Termine haben Sie denn nächste Woche?"

Mitarbeiterin: „Acht Termine sind es bisher."

Führungskraft: „Wie oft werden Sie dann die Riester-Rente ansprechen?"
Mitarbeiterin: „Achtmal."
Führungskraft: „Wie erfahre ich davon?"".

2.3.2 Führungskraft führt Führungskraft

Die folgenden Gesprächssituationen finden zwischen dem unmittelbaren Vorgesetzten der Verkäufer und der nächsthöheren Führungskraft im Unternehmen statt. Damit Sie sich leichter orientieren können, bezeichne ich den Vorgesetzten der Verkäufer als *regionale Führungskraft* und die darüber stehende Führungskraft als *zentrale Führungskraft*. Tabelle 2.5 gibt Ihnen einen Überblick über die möglichen Problembereiche und je zwei Möglichkeiten, Ihre Fragen zu formulieren.

Einzelne Verkäufer der Führungskraft haben zu wenige Termine

Ausgangssituation
Verkaufserfolg setzt immer noch voraus, dass Termine stattfinden. Die Terminanzahl ist und bleibt der größte Hebel bei der Entwicklung eines Vertriebsgebiets. In diesem Beispiel ist der zentralen Führungskraft bei der Analyse der Mitarbeiter im Team der regionalen Führungskraft aufgefallen, dass zwei Verkäufer in letzter Zeit weniger Termine als vereinbart durchgeführt haben. Höchste Zeit also, ein Gespräch zu führen.

Beispiel

Zentrale Führungskraft: „Was glauben Sie denn, was ich heute mit Ihnen besprechen will?"

Regionale Führungskraft: „Ich weiß es nicht genau. Geht es um Ergebnisse meines Teams in der Sparte X?"

Tab. 2.5 Typische Problembereiche und mögliche Fragestellungen von Führungskraft zu Führungskraft

	Beispiele
1	*Einzelne Verkäufer der Führungskraft haben zu wenige Termine* „Wann ist Ihnen aufgefallen, dass Herr X und Frau Y weniger Termine durchführen als vereinbart?" „Was ist Ihrer Ansicht nach die Grundvoraussetzung für Verkaufserfolg?"
2	*Die Führungskraft führt keine regelmäßigen Workshops durch* „Wie könnten Ihre Mitarbeiter von regelmäßigen Workshops profitieren?" „Wer führt mit Ihren Mitarbeitern regelmäßige Workshops durch?"
3	*Die Führungskraft legt in den Workshops zu wenig Wert auf konkrete Übungen* „Woran erkennen Sie den Erfolg eines von Ihnen durchgeführten Workshops?" „Wie viel Prozent der Zeit in einem Workshop verwenden Sie für Verkaufstraining?"
4	*Die Führungskraft hat „keinen Einfluss" auf ihre Verkäufer* „Wie schätzen Sie den Einfluss auf Ihre Verkäufer ein?" „Woran erkenne ich, dass Sie in Ihrem Verkaufsteam der Chef sind?"
5	*Verkaufsfördernde Unterlagen werden von bestimmten Mitarbeitern nicht eingesetzt* „Welche Vorteile sehen Sie in der Verwendung des Kundenanalysebogens?" „Warum hat unser Unternehmen verkaufsfördernde Unterlagen entwickelt?"
6	*Einzelne Verkäufer liegen hinter der Umsatzplanung zurück* „Wann ist Ihnen aufgefallen, dass Herr X und Frau Y hinter der Umsatzplanung zurückliegen?" „Wer ist verantwortlich dafür, dass Ihre Mitarbeiter ihre Umsatzziele erreichen?"

Tab. 2.5 (Fortsetzung)

	Beispiele
7	*Der Mitarbeiterausbau in der Geschäftsstelle funktioniert nicht* „Wer ist in Ihrer Geschäftsstelle für den Mitarbeiterausbau verantwortlich?" „Was tun Sie konkret, um neue Mitarbeiter zu finden?"
8	*Die Verkäufer beklagen mangelnde Unterstützung durch die Führungskraft* „Woran erkenne ich, dass Sie Ihre Mitarbeiter bei ihrer Entwicklung unterstützen?" „Wie zufrieden sind Ihre Verkäufer mit der von Ihnen angebotenen Unterstützung?"
9	*Die Führungskraft wehrt sich gegen Controllingmaßnahmen* „Welchen Vorteil sehen Sie in Controllingmaßnahmen?" „Wie muss ein Controlling gestaltet werden, um Sie und Ihre Mitarbeiter weiterzubringen?"
10	*Die Führungskraft hat eine getroffene Vereinbarung nicht eingehalten* „Wie sollte ich Ihrer Meinung nach reagieren, wenn zwischen uns getroffene Vereinbarungen nicht eingehalten werden?" „Was würden Sie tun, wenn Sie feststellen, dass Sie sich auf einen Ihrer Mitarbeiter nicht verlassen können?"
11	*Die Führungskraft redet im Führungsgespräch zu viel* „Wie würden Sie Ihren Redeanteil in den Führungsgesprächen einschätzen?" „Welchen Vorteil haben Sie, wenn Sie das Führungsgespräch durch Fragen führen?"
12	*Die Führungskraft ist beim Einfordern von Vereinbarungen nicht sehr konsequent* „Was halten Sie von einer Führungskraft, die Vereinbarungen nicht konsequent einfordert?" „Was lösen Sie aus, wenn Sie Vereinbarungen nicht konsequent einfordern?"

Tab. 2.5 (Fortsetzung)

	Beispiele
13	*Die Führungskraft vermeidet das Konfliktgespräch* „Woran erkennen Sie, dass ein Mitarbeiter einen Konflikt mit Ihnen hat?" „Was passiert, wenn Sie erkennbare Konflikte nicht bearbeiten?"
14	*Die Führungskraft führt das „Training-on-the-Job" nicht durch* „Welchen Vorteil sehen Sie im ‚Training-on-the-Job'?" „Wie wollen Sie jemanden führen, wenn Sie den genauen Ablauf seiner Verkaufsgespräche nicht kennen?"
15	*Die Führungskraft trennt sich schwer von schwächeren Mitarbeitern* „Was lösen Sie in Ihrem Team aus, wenn Sie sich nicht von schwächeren Mitarbeitern trennen?" „Warum tolerieren Sie schwache Leistungen Ihrer Mitarbeiter?"
16	*Ein bestimmtes Produkt X wird in der Geschäftsstelle nicht verkauft* „Was sind Ihrer Ansicht nach die Vorteile des Produkts X?" „Wie bringen Sie Ihre Verkäufer dazu, das Produkt X öfter anzusprechen?"
17	*Die Führungskraft macht bei der Mitarbeiterauswahl Kompromisse* „Worauf ist Ihrer Ansicht nach bei der Auswahl von Bewerbern am meisten zu achten?" „Woran erkennen Sie, dass ein Kandidat den Anforderungen unseres Unternehmens entsprechen wird?"

Zentrale Führungskraft: „Nein, das hat für mich im Augenblick nicht die größte Priorität. Es geht mir heute um die Verkaufstermine Ihrer Mitarbeiter."

Regionale Führungskraft: „Ach so, Sie meinen Herrn X und Frau Y."

Zentrale Führungskraft: „Wann ist Ihnen denn aufgefallen, dass Herr X und Frau Y von den vereinbarten Terminzahlen abweichen?"

Regionale Führungskraft: „Ja, die beiden haben das Problem jetzt schon über einen längeren Zeitraum."

Zentrale Führungskraft: „Wann werden Sie denn etwas dagegen unternehmen?"

Regionale Führungskraft: „Ich habe schon mit beiden gesprochen."

Zentrale Führungskraft: „Wenn ich es richtig sehe, dann haben diese Gespräche bisher aber noch keine Wirkung gezeigt."

Regionale Führungskraft: „Das ist leider richtig."

Zentrale Führungskraft: „Wer ist denn Ihrer Ansicht nach verantwortlich dafür, dass Herr X und Frau Y die vereinbarte Terminanzahl auch erreichen?"

Regionale Führungskraft: „In erster Linie sie selbst. Es sind ja selbstständige Vertriebspartner. Sie sollten wissen, dass sie durch mehr Termine ihre Kunden besser betreuen können und außerdem mehr Geld bekommen."

Zentrale Führungskraft: „Ja, das sollten sie wissen, nur tun sie es aber nicht. Wozu benötige ich denn eine regionale Führungs-

	kraft, wenn die Mitarbeiter tun und lassen können, was sie wollen?"
Regionale Führungskraft:	„Ja, da haben Sie natürlich Recht."
Zentrale Führungskraft:	„Reden wir über Frau Y. Woran liegt es, dass sie so wenig Termine macht?"
Regionale Führungskraft:	„Das kann ich genau sagen. Sie gibt sich damit zufrieden. Ihr Mann verdient gutes Geld, sie ist mit Geld nicht unbedingt motivierbar. Die Termine, die sie macht, sind aber sehr gut strukturiert und auch erfolgreich."
Zentrale Führungskraft:	„Frau Y hat doch einen Kundenbestand zur Betreuung übertragen bekommen. Wie groß ist der Bestand?"
Regionale Führungskraft:	„Das sind 400 Kunden."
Zentrale Führungskraft:	„Wie viele Termine müsste sie in der Woche abwickeln, um die Kunden zumindest einmal im Jahr zu sehen?"
Regionale Führungskraft:	„Grob überschlagen wären das zehn bis zwölf Termine. Momentan macht sie jedoch nur sechs bis acht."
Zentrale Führungskraft:	„Das heißt, sie kann ihre Kunden nicht betreuen. Was ist also zu tun?"
Regionale Führungskraft:	„Ihr muss klar werden, dass sie ihre Terminanzahl erhöht, ansonsten müssen wir ihr Kunden wegnehmen."
Zentrale Führungskraft:	„Ja, das sehe ich genauso. Denken wir an das konkrete Gespräch mit

	Frau Y. Welche Frage müssten Sie ihr stellen, damit ihr das klar wird?"
Regionale Führungskraft:	„Es müsste eine Frage sein, die sie betroffen macht. Aber das kann ich jetzt nicht formulieren."
Zentrale Führungskraft:	„Was halten Sie von folgender Frage:‚Frau Y, wie würden Sie als Chef regieren, wenn Sie feststellen, dass eine Mitarbeiterin Ihre Kunden nicht ausreichend betreut?'"
Regionale Führungskraft:	„Das ist eine sehr gute Frage für den Gesprächseinstieg. Diese Frage notiere ich mir."
Zentrale Führungskraft:	„Wann führen Sie das Gespräch?"
Regionale Führungskraft:	„Wir haben morgen einen Termin vereinbart."
Zentrale Führungskraft:	„Wann erfahre ich von dem Ergebnis?".

In weiterer Folge wird nach einem ähnlichen Muster noch die Situation des Herrn X durchleuchtet. Dann werden die Aktivitäten zur Entwicklung der Terminfrequenz beider Mitarbeiter vereinbart, das Controlling festgelegt und das Protokoll angefertigt. Das Gespräch dauerte wirklich nicht länger als 15 min. Ein sehr schönes Beispiel dafür, was mit einem von Fragen und Pausen gesteuerten Gespräch in kurzer Zeit erreicht werden kann.

Die Führungskraft führt keine regelmäßigen Workshops durch

Ausgangssituation
Die regionale Führungskraft ist als unmittelbarer Ansprechpartner der Verkäufer auch verantwortlich dafür, die Verkäufer hinsichtlich ihrer Verkaufstechnik fit zu machen. Auch wenn von zent-

ralen Schulungsabteilungen Fortbildungsveranstaltungen organi-
siert werden, ist es notwendig, den Verkäufern durch in der Region
durchgeführte Workshops Unterstützung für den Verkauf anzubie-
ten, denn regionale Führungskräfte „drücken" sich gerne davor.

Beispiel

Zentrale Führungskraft:	„Wie könnten Ihre Mitarbeiter von regelmäßigen Workshops profitieren?"
Regionale Führungskraft:	„Die werden doch regelmäßig von der Zentrale zu Fortbildungen eingeladen."
Zentrale Führungskraft:	„Wie zufrieden sind Sie denn mit der durch Ihre Verkäufer angewendeten Verkaufstechnik?"
Regionale Führungskraft:	„Das ist unterschiedlich. Manche sind ganz gut drauf, andere weniger gut."

*Die zentrale Führungskraft zeigt der regionalen Führungs-
kraft die einzelnen Phasen des Verkaufsprozesses (siehe auch
Kap. 1). Nach einer kurzen Erklärung der einzelnen Phasen
bittet er die regionale Führungskraft, die durchschnittlichen
Leistungen der Verkäufer auf einer Skala von 1 bis 10 zu be-
werten.*

Zentrale Führungskraft:	„Was sagen Sie zu diesem Bild?"
Regionale Führungskraft:	„Das ist wirklich sehr interessant. Irgendwie haben doch alle die gleichen Probleme."
Zentrale Führungskraft:	„Was muss denn geschehen, damit diese Probleme bearbeitet werden?"
Regionale Führungskraft:	„Ich müsste mit meiner Gruppe darüber reden."
Zentrale Führungskraft:	„Welches Problem möchten Sie denn als erstes angehen?"

Regionale Führungskraft:	„Die Grundlage für alles andere ist sicher die Terminanzahl."
Zentrale Führungskraft:	„Wenn Sie mit Ihren Mitarbeitern in einem Workshop die Terminanzahl verbessern wollen, wie muss dieser Workshop dann ablaufen?"
Regionale Führungskraft:	„Die Mitarbeiter müssten zuerst einmal einsehen, dass die aktuelle Terminfrequenz ein Problem darstellt. Das müsste ich ihnen klar machen."
Zentrale Führungskraft:	„Wie könnten Sie denn erreichen, dass die Mitarbeiter das Problem selbst erkennen, ohne dass Sie ihnen das klar machen müssten?"
Regionale Führungskraft:	„Dazu fällt mir jetzt nichts ein."
Zentrale Führungskraft:	„Welche Methode habe ich denn eben verwendet, damit Sie die Terminfrequenz als Problem erkennen konnten?"
Regionale Führungskraft:	„Sie haben mich dazu aufgefordert, meine Einschätzungen über die Leistungen der einzelnen Mitarbeiter auf dieser Unterlage anzukreuzen."
Zentrale Führungskraft:	„Stellen wir uns vor, Sie würden diese Unterlage auch bei einem Workshop mit Ihren Verkäufern einsetzen. Wie wäre wohl die Einschätzung der Verkäufer?"
Regionale Führungskraft:	„Die würden ihre Leistungen wahrscheinlich ähnlich beurteilen, wie ich das eben getan habe."

Verkäufer kennen ihre Probleme ganz genau und sind auch bereit, die entsprechende Beurteilung ihrer eigenen Leistungen offenzulegen.

Zentrale Führungskraft:	„Was hätten Sie damit erreicht?"
Regionale Führungskraft:	„Dann hätten die Verkäufer das Problem erkannt, und wir könnten uns damit beschäftigen, wie wir es bewältigen."
Zentrale Führungskraft:	„Wollen wir nun einen solchen Workshop gemeinsam planen?".

Die Führungskraft legt in den Workshops zu wenig Wert auf konkrete Übungen

Ausgangsituation

Im folgenden Beispiel geht es um eine regionale Führungskraft, die ihre Verkäufer immer wieder zu Workshops einlädt. Der Redeanteil der Führungskraft ist in diesen Workshops aber sehr hoch. Präsentationen haben Vorrang vor Übungen zur Entwicklung der Verkaufstechnik.

Beispiel

Zentrale Führungskraft:	„Ich möchte nochmals auf den Workshop von letzter Woche zu sprechen kommen. Schön, dass ich dabei sein konnte, es ging ja um ein sehr wichtiges Thema."
Regionale Führungskraft:	„Die Mitarbeiter haben sehr positiv aufgenommen, dass Sie sich die Zeit dafür genommen haben."
Zentrale Führungskraft:	„Es hat mir gefallen, wie gut Sie das neue Produkt vorgestellt haben. Ich habe aber auch etwas vermisst. Können Sie sich vorstellen, was das gewesen ist?"

Regionale Führungskraft:	„Kann ich nicht genau sagen. Ich hatte nach dem Workshop ein gutes Gefühl."
Zentrale Führungskraft:	„Wie viel Prozent eines Workshops verwenden Sie für das Verkaufstraining?"
Regionale Führungskraft:	„Das kommt eher selten vor, da haben Sie Recht. Die Mitarbeiter sind auch nicht daran gewöhnt."
Zentrale Führungskraft:	„Woran machen Sie den Erfolg eines von Ihnen durchgeführten Workshops fest?"
Regionale Führungskraft:	„Wenn die Mitarbeiter nachher sagen, dass es für sie klar strukturiert war, dann war es erfolgreich."
Zentrale Führungskraft:	„Welchen Vorteil hätten Sie und Ihre Mitarbeiter, wenn Sie mehr praktische Übungen einbauen würden?"
Regionale Führungskraft:	„Es wäre sicher leichter, den Transfer des Erlernten in die Praxis sicherzustellen."
Zentrale Führungskraft:	„Welchen Vorteil hätten Sie noch?"
Regionale Führungskraft:	„Der Ablauf wäre aufgelockerter."
Zentrale Führungskraft:	„Welchen Vorteil hätten Sie noch?"
Regionale Führungskraft:	„Die Mitarbeiter würden für ihre Verkaufspraxis mehr profitieren."
Zentrale Führungskraft:	„Genau, das sehe ich auch so. Was glauben Sie denn, wie groß der Anteil der praktischen Übungen in einem Workshop sein sollte, damit die Mitarbeiter mehr profitieren könnten?"
Regionale Führungskraft:	„Praktische Übungen sind zeitaufwändig. Wenn der Einsatz solcher

Übungen gewinnbringend sein soll, dann muss man dafür sicher die Hälfte der Zeit eines Workshops rechnen."

Zentrale Führungskraft: „Sie müssten also Ihren Redeanteil reduzieren. Wäre das ein Problem für Sie?"

Regionale Führungskraft: „Nein, ich habe den Ablauf meiner Workshops bisher einfach noch nie analysiert."

Zentrale Führungskraft: „Sie sagten früher, dass Ihre Mitarbeiter nicht an den Einsatz von praktischen Übungen gewöhnt sind. Was ist denn die Voraussetzung dafür, dass sich die Mitarbeiter daran gewöhnen?"

Regionale Führungskraft: „Ich müsste die Übungen ganz einfach ab sofort durchführen."

Zentrale Führungskraft: „Wann planen Sie den nächsten Workshop?"

Regionale Führungskraft: „Wir treffen uns jeden Montag am Vormittag. Nächste Woche wird der Verkauf des Produktes X der Schwerpunkt sein."

Zentrale Führungskraft: „Wollen wir uns gemeinsam ansehen, wie Sie in den nächsten Workshop am sinnvollsten Übungen einplanen können?".

Die Führungskraft hat „keinen Einfluss" auf ihre Verkäufer

Ausgangssituation

Die zentrale Führungskraft hat festgestellt, dass es der regionalen Führungskraft kaum gelingt, auf die Entwicklung der Verkäufer

Einfluss zu nehmen. Die Verkäufer beklagen sich manchmal auch darüber, dass sie das Handeln ihrer regionalen Führungskraft als nicht hilfreich erleben.

Beispiel

Zentrale Führungskraft:	„Woran erkenne ich, dass Sie in Ihrem Verkaufsteam der Chef sind?"
Regionale Führungskraft:	„Das ist eine gute Frage, die Sie meinen Verkäufern stellen müssen."
Zentrale Führungskraft:	„Wie schätzen Sie den Einfluss auf Ihre Verkäufer ein?"
Regionale Führungskraft:	„Ich kann mir denken, worauf Sie hinaus wollen. Manche Verkäufer lassen sich von mir nicht sehr viel sagen. Ich *predige* Ihnen sehr oft, was Sie tun sollen, aber die Verkäufer setzen meine Anweisungen nur zum Teil um."
Zentrale Führungskraft:	„Welche Voraussetzungen müssen denn vorliegen, damit Menschen bewegt werden?"
Regionale Führungskraft:	„Sie müssen sich vor allem bewegen wollen. Mit selbstständigen Handelsvertretern ist das nicht immer so einfach."
Zentrale Führungskraft:	„Was ist denn Voraussetzung dafür, dass sich jemand bewegen will?"
Regionale Führungskraft:	„Er muss einen Vorteil erkennen."
Zentrale Führungskraft:	„Sie waren doch früher ein sehr guter Verkäufer. Wie haben Sie es denn erreicht, dass die Kunden ihre Kaufmotive gefunden haben?"

Regionale Führungskraft:	„Ich habe den Kunden die Vorteile der Produkte klar dargestellt."
Zentrale Führungskraft:	„Was haben Sie noch getan?"
Regionale Führungskraft:	„Ich habe Fragen gestellt."
Zentrale Führungskraft:	„Welche Art von Fragen waren das?"
Regionale Führungskraft:	„Meistens waren es W-Fragen."
Zentrale Führungskraft:	„Was haben Sie damit erreicht, dass Sie W-Fragen gestellt haben?"
Regionale Führungskraft:	„Die Kunden haben für sich Kaufmotive entdeckt."
Zentrale Führungskraft:	„Gut. Nehmen wir einen Ihrer Mitarbeiter, beispielsweise Herrn X. Was ist Ihrer Ansicht nach das größte Entwicklungsfeld von Herrn X?"
Regionale Führungskraft:	„Der müsste mehr Termine machen."
Zentrale Führungskraft:	„Welchen Vorteil hätte Herr X, wenn er mehr Termine machen würde?"
Regionale Führungskraft:	„Mehr Geld."
Zentrale Führungskraft:	„Welchen Vorteil hätte er noch?"
Regionale Führungskraft:	„Besser betreute Kunden."
Zentrale Führungskraft:	„Welchen Vorteil hätte er noch?"
Regionale Führungskraft:	„Er würde seine Ziele erfüllen."
Zentrale Führungskraft:	„Welchen Vorteil hätte er noch?"
Regionale Führungskraft:	„Er könnte sich endlich sein Traumauto kaufen."
Zentrale Führungskraft:	„Was glauben Sie, welches Motiv ihn am stärksten bewegen würde?"
Regionale Führungskraft:	„Das wäre sicher das Auto."
Zentrale Führungskraft:	„Mit welcher Frage könnten Sie denn in einem Gespräch mit ihm dieses Thema elegant ansprechen?"

Regionale Führungskraft:	„Da fällt mir schon was ein. Sie haben ja bestätigt, dass ich als Verkäufer sehr gute Fragen gestellt habe.... Also:,Herr X, wollen wir uns gemeinsam ansehen, wie Sie sich Ihr Traumauto verdienen können?'"
Zentrale Führungskraft:	„Gratuliere, das ist wirklich eine sehr gute Frage. Wann werden Sie diese Frage stellen?".

Verkaufsfördernde Unterlagen werden von bestimmten Mitarbeitern nicht eingesetzt

Ausgangssituation

Unter verkaufsfördernden Unterlagen wird all das verstanden, was im Unternehmen produziert worden ist, um dem Verkäufer das Gespräch beim Kunden zu erleichtern. Die Unterlagen werden häufig von Verkäufern abgelehnt und aus diesem Grund auch nicht eingesetzt. Im folgenden Beispiel geht es um einen mehrseitigen Analysebogen, der dem Verkäufer im Verkaufsgespräch dabei helfen soll, die Kundenmotive zu erheben.

Beispiel

Zentrale Führungskraft:	„Was glauben Sie, warum unser Unternehmen den Kundenanalysebogen eingeführt hat?"
Regionale Führungskraft:	(lächelt): „Damit er von den Mitarbeitern in den Verkaufsgesprächen eingesetzt wird."
Zentrale Führungskraft:	„Haben Sie das Gefühl, dass das in der Praxis geschieht?"
Regionale Führungskraft:	„Die jüngeren Verkäufer setzen den Kundenanalysebogen eher ein, denn sie wurden schon in der

Grundausbildung dazu angehalten. Die arrivierten Verkäufer haben fast alle wenig Freude mit dem Kundenanalysebogen."

Zentrale Führungskraft: „Was sind denn die Argumente der arrivierten Verkäufer, warum sie den Kundenanalysebogen nicht einsetzen?"

Regionale Führungskraft: „Die meisten sagen, dass sie ihre Kunden gut kennen und daher den Kundenanalysebogen nicht benötigen."

Zentrale Führungskraft: „Und teilen Sie diese Meinung Ihrer Verkäufer?"

Regionale Führungskraft: „Natürlich nicht. Wenn das so wäre, wären die Ergebnisse besser."

Zentrale Führungskraft: „Wer ist denn verantwortlich dafür, dass Ihre Verkäufer den Kundenanalysebogen einsetzen?"

Regionale Führungskraft: „Ich fühle mich dafür verantwortlich."

Zentrale Führungskraft: „Gut, dann sind wir in diesem wichtigen Punkt einer Meinung. Was muss denn Ihrer Ansicht nach geschehen, damit die Verkäufer den Kundenanalysebogen einsetzen?"

Regionale Führungskraft: „Sie müssten noch mehr von den Vorteilen überzeugt werden, und sie müssten das Einsetzen noch einmal üben."

Zentrale Führungskraft: „Denken Sie, dass es sinnvoll ist, dafür eine Ihrer Teamsitzungen zu verwenden?"

Regionale Führungskraft:	„Ja natürlich, dieses Thema betrifft ja alle."
Zentrale Führungskraft:	„Wann findet die nächste Teamsitzung statt?"
Regionale Führungskraft:	„Nächste Woche am Mittwoch."
Zentrale Führungskraft:	„Welche Punkte sollte denn der Ablaufplan beinhalten, damit die Sitzung erfolgreich wird?"
Regionale Führungskraft:	„Wir sollten die Vorteile des Kundenanalysebogens für die Verkäufer und die Kunden auflisten, am besten in einer Gruppenarbeit. Gut wäre auch, wenn ein Verkäufer, der damit gute Erfahrungen gesammelt hat, berichtet. Wir müssen einen Einstiegssatz für den Einsatz beim Kunden finden. Und wir sollten den Einsatz des Kundenanalysebogens im Rollenspiel üben."
Zentrale Führungskraft:	„Das hört sich sehr gut an. Bis wann haben Sie den Ablaufplan erarbeitet?".

Einzelne Verkäufer liegen hinter der Umsatzplanung zurück

Ausgangssituation

Der zentralen Führungskraft ist aufgefallen, dass die Ergebnisse in dem Verantwortungsbereich der regionalen Führungskraft in den letzten Wochen leicht rückläufig waren. Bei einer detaillierten Analyse stellt die zentrale Führungskraft fest, dass der Leistungsabfall des Verkaufsteams vor allem durch die mäßigen Ergebnisse von Herrn X und Herrn Y zustande kam.

Beispiel

Zentrale Führungskraft: „Wann ist Ihnen aufgefallen, dass Herr X und Herr Y hinter der Umsatzplanung liegen?"

Regionale Führungskraft: „Das ist mir natürlich schon vor längerer Zeit aufgefallen. Beide hatten in letzter Zeit ein kleines Tief. Beide sind aber auch auf dem Weg, da wieder herauszukommen. Ich werde mit beiden noch in dieser Woche ein Gespräch führen. Die Termine sind schon vereinbart."

Zentrale Führungskraft: „Nehmen wir uns Herrn X vor. Was ist der Grund für seine Minderleistung?"

Regionale Führungskraft: „Er hat in den letzten Wochen zu wenige Termine beim Kunden durchgeführt."

Zentrale Führungskraft: „Wie viele Termine in der Woche sollte er denn durchführen?"

Regionale Führungskraft: „15 Termine sind vereinbart, zwischen acht und zwölf hat er in den letzten drei Wochen durchgeführt."

Zentrale Führungskraft: „Sie haben also drei Wochen lang bemerkt, dass der Mitarbeiter seine Vereinbarungen nicht eingehalten hat, und trotzdem haben Sie nicht eingegriffen. Was haben Sie Ihrer Ansicht nach damit ausgelöst?"

Regionale Führungskraft: „Er wird sich wohl gedacht haben, dass ich es mit dem Einfordern von getroffenen Vereinbarungen nicht so ernst nehme."

Zentrale Führungskraft:	„Ja, das sehe ich auch so. Gut, nun haben Sie ja einen Termin mit Herrn X vereinbart. Wie muss dieser Termin ablaufen, damit die Leistungen von Herrn X wieder besser werden?"
Regionale Führungskraft:	„Ich werde mich auf das Gespräch gut vorbereiten."
Zentrale Führungskraft:	„Welche Fragen werden Sie ihm stellen?"
Regionale Führungskraft:	„Wir haben ja unser Vorbereitungs-blatt auf die Zielgespräche und den Fragenkatalog für den Einstieg in die Führungssituationen. Damit werde ich mich vorbereiten."
Zentrale Führungskraft:	„Welche Fragen fallen Ihnen sofort ein, wenn es im Führungsgespräch um die Terminfrequenz geht?"
Regionale Führungskraft:	„Ich werde ihn fragen, worüber ich heute mit ihm sprechen will."
Zentrale Führungskraft:	„Bis wann haben Sie das Vor-bereitungsblatt für das Gespräch vorbereitet?" (Gemeint ist das Arbeitsblatt „Vorbereitung des 15-Minuten-Zielgesprächs".)
Regionale Führungskraft:	„Das mache ich gleich nach unse-rem Gespräch."
Zentrale Führungskraft:	„Gut, sehen wir uns die Situation von Herrn Y an."

Es wäre auch möglich gewesen, das Vorbereitungsblatt gleich im Führungsgespräch ausfüllen zu lassen. Da die regionale Führungs-kraft aber den Eindruck vermittelt hat, dass sie das selbst kann, muss die Gesprächszeit dafür nicht verwendet werden. Wichtig ist, dass die zentrale Führungskraft im weiteren Gesprächsverlauf sicherstellt, dass ihr eine Kopie des Vorbereitungsblattes vor den vereinbarten Gesprächsterminen mit den Mitarbeitern zur Verfügung gestellt wird. So ist es möglich, die Ausführungen zu überprüfen und der regionalen Führungskraft gegebenenfalls Anmerkungen und Anregungen in einem Telefonat mitzuteilen.

Der Mitarbeiterausbau in der Geschäftsstelle funktioniert nicht

Ausgangssituation
Der Mitarbeiterausbau gehört in sehr vielen Unternehmen zu einer der Kernaufgaben der regionalen Führungskraft. Es gilt, immer eine Liste von möglichen Kandidaten parat zu haben, um im Bedarfsfall gerüstet zu sein. Diese Aufgabe wird oft eher mangelhaft erfüllt.

Beispiel	
Zentrale Führungskraft:	„Wer ist denn in Ihrem Vertriebsgebiet für den Mitarbeiterausbau verantwortlich?"
Regionale Führungskraft:	„Das bin natürlich ich. Sie wissen, dass ich im letzten Jahr fünf neue Leute eingestellt und eingearbeitet habe."
Zentrale Führungskraft:	„Ja, ich weiß. Das haben Sie wirklich gut gemacht. Welche Aktivitäten führen Sie im Moment zur Gewinnung neuer Mitarbeiter durch?"
Regionale Führungskraft:	„Ich bin immer wieder aktiv. Wir haben drei Maßnahmen eingeleitet: Wir schalten Annoncen in regionalen Zeitungen, wir haben die Aktion ‚Mitarbeiter sucht Mitarbeiter', und wir kooperieren mit örtlichen Arbeitsvermittlungsbehörden.

	Zurzeit habe ich aber keine interessanten Bewerber in Aussicht."
Zentrale Führungskraft:	„Aber wir sind uns einig darüber, dass Sie bis Jahresende noch drei neue Leute bringen wollen."
Regionale Führungskraft:	„Ja, das habe ich gesagt. Bis Jahresende sind ja noch ein paar Monate Zeit."
Zentrale Führungskraft:	„Was glauben Sie denn, wie viele Bewerber Sie an Land ziehen müssen, damit drei übrig bleiben?"
Regionale Führungskraft:	„Erfahrungsgemäß sind das sechs bis neun Personen."
Zentrale Führungskraft:	„Wie lange dauert Ihrer Erfahrung nach der Prozess vom Ansprechen eines potenziellen Bewerbers bis zu dem Zeitpunkt, ab dem er für uns arbeitet?"
Regionale Führungskraft:	„Sie haben Recht. Das dauert schon ein paar Monate."
Zentrale Führungskraft:	„Wollen Sie jetzt sofort starten?"
Regionale Führungskraft:	„Ja, ich habe die Notwendigkeit erkannt."
Zentrale Führungskraft:	„Welche Erfahrung haben Sie denn mit den von Ihnen beschriebenen Aktivitäten zur Gewinnung von Mitarbeitern bisher gemacht?"
Regionale Führungskraft:	„Es kommt hin und wieder eine Anfrage, aber wie gesagt: Momentan tut sich zu wenig."
Zentrale Führungskraft:	„So weit ich mich erinnern kann, haben Sie im Vorjahr, als Sie sehr erfolgreich neue Mitarbeiter gefunden haben, eine völlig andere Vorgehensweise gewählt, stimmt das?"

Regionale Führungskraft:	„Ja, da habe ich mich in Testsituationen von Mitbewerbern beraten lassen. Wenn mir die Beratung gut gefallen hat, dann hab ich die Verkäufer gefragt, ob Sie Interesse hätten, in mein Team zu wechseln."
Zentrale Führungskraft:	„Damit hatten Sie anscheinend großen Erfolg."
Regionale Führungskraft:	„Ja, aber diese Aktivität hat mich auch sehr viel Zeit gekostet."
Zentrale Führungskraft:	„Wie groß war Ihr Zeitaufwand dafür denn im Schnitt?"
Regionale Führungskraft:	„Es waren ungefähr eineinhalb Tage in der Woche."
Zentrale Führungskraft:	„Was muss geschehen, damit Sie sofort mit einer solchen Aktion starten?"
Regionale Führungskraft:	„Ich müsste mir die Tage im Kalender dafür reservieren. Gut, ich nehme gleich meinen Kalender zur Hand." (Er trägt die Aktivität in seinen Kalender ein.)
Zentrale Führungskraft:	„In Ordnung, jetzt haben wir die Tage für die nächsten Wochen eingetragen. Wie genau wollen Sie dabei vorgehen?".

Die Verkäufer beklagen mangelnde Unterstützung durch die Führungskraft

Ausgangssituation

Die zentrale Führungskraft erreichen immer wieder Beschwerden aus dem Team der Verkäufer, dass sie mit ihrem Chef nicht zufrieden sind. Er sei telefonisch schwer erreichbar und stünde auch für persönliche Gespräche weniger zur Verfügung, als sich das manche Verkäufer wünschen würden.

Beispiel

Zentrale Führungskraft:	„Was glauben Sie denn, wie zufrieden Ihre Verkäufer mit der von Ihnen angebotenen Unterstützung sind?"
Regionale Führungskraft:	„Ich denke schon, dass die zufrieden sind. Ich gebe Fachinformationen immer auf schnellstem Weg weiter, und ich versuche, mit allen Verkäufern so oft es geht persönliche Gespräche zu führen. Sie wissen ja, dass mein Verkaufsgebiet sehr groß ist und damit auch die Entfernungen zu den Mitarbeitern."
Zentrale Führungskraft:	„Woran erkenne ich, dass Sie Ihre Mitarbeiter bei ihrer Entwicklung unterstützen?"
Regionale Führungskraft:	„Diese Frage überrascht mich jetzt. Das klingt ja so, als ob Sie oder die Verkäufer mit mir nicht zufrieden sind."
Zentrale Führungskraft:	„Ich hatte ein Gespräch mit Herrn A, der sich in diese Richtung geäußert hat. Ich sagte ihm, dass er es direkt mit Ihnen besprechen soll."
Regionale Führungskraft:	„Das hat Herr A bisher nicht gemacht, ich werde ihn darauf ansprechen."
Zentrale Führungskraft:	„Ich will jetzt aber nicht Einzelfälle besprechen, ich möchte mit Ihnen generell über die Unterstützung Ihrer Mitarbeiter reden. Was glauben Sie denn, in welcher Richtung sich Ihre Mitarbeiter mehr Unterstützung wünschen würden?"

Regionale Führungskraft:	„Da müsste ich sie fragen. Aber ich denke, dass es um die üblichen Themen geht, die Verkäufer von einer Führungskraft erwarten: aktuelle Informationen, Unterstützung im Verkauf, vielleicht auch den einen oder anderen gemeinsamen Kundenbesuch... ich weiß es nicht genau!"
Zentrale Führungskraft:	„Wie wollen Sie das von Ihren Mitarbeitern erfahren?"
Regionale Führungskraft:	„Das muss sehr bald geschehen. Ich sage noch einmal, dass mich die Rückmeldung jetzt überrascht. Die Aussagen der einzelnen Verkäufer zu diesem Thema interessieren mich jetzt sehr. Ich überlege mir gerade, ob ich das Thema in dem Workshop nächste Woche ansprechen soll."
Zentrale Führungskraft:	„Was spricht aus Ihrer Sicht dafür, das zu tun?"
Regionale Führungskraft:	„Es ist wohl ein aktuelles Thema, das alle interessiert."
Zentrale Führungskraft:	„Wollen wir uns ansehen, in welcher Form das am besten gelingen kann?".

Die Führungskraft wehrt sich gegen Controllingmaßnahmen

Ausgangssituation

Die zentrale Führungskraft ist mit der Qualität der Unterlagen zum Controlling des Verkaufsteams, die die regionale Führungskraft abliefert, nicht zufrieden. Die Meldungen erfolgen oft zu spät und sind in der Regel unvollständig.

Beispiel

Zentrale Führungskraft:	„Welchen Vorteil sehen Sie in Controllingmaßnahmen?"
Regionale Führungskraft:	„Sie sind für die Begleitung eines Erfolgsprozesses im Vertrieb notwendig, auch wenn sie oft als ‚lästig' erlebt werden."
Zentrale Führungskraft:	„Erleben Sie Controllingmaßnahmen eher als notwendig oder eher als lästig?"
Regionale Führungskraft:	„Wenn Sie mich so fragen, dann eher Letzteres."
Zentrale Führungskraft:	„Mir ist aufgefallen, dass Sie die vereinbarten Meldungen in letzter Zeit zwar abgeliefert haben, mehrmals kamen sie aber zu spät, und zweimal war der Inhalt nicht genau so, wie wir es vereinbart hatten. Sehen Sie sich diese Unterlagen doch einmal an..." (Die betreffenden Unterlagen werden angesehen.)
Regionale Führungskraft:	„Ja, das stimmt. Das war nicht ganz so, wie wir es ausgemacht hatten."
Zentrale Führungskraft:	„Wie wollen Sie dann Ihren Mitarbeitern den Sinn von Controllingprozessen verkaufen, wenn Sie sie selbst nicht durchführen, wie sie vereinbart waren?"
Regionale Führungskraft:	„Ja, da haben Sie natürlich Recht."
Zentrale Führungskraft:	„Was sind denn Ihrer Ansicht nach die Vorteile von Controllingmaßnahmen?"
Regionale Führungskraft:	„Man erkennt zeitnah, ob man auf Kurs ist."

Zentrale Führungskraft:	„Was noch?"
Regionale Führungskraft:	„Was einmal schriftlich geplant ist, wird meistens auch umgesetzt."
Zentrale Führungskraft:	„Genau. Was noch?"
Regionale Führungskraft:	„Man kann Entwicklungen frühzeitig erkennen und gegebenenfalls Kurskorrekturen einleiten."
Zentrale Führungskraft:	„Wunderbar. Was fällt Ihnen noch ein?"
Regionale Führungskraft:	„Das ist im Moment alles."
Zentrale Führungskraft:	„Wollen wir uns jetzt noch mal gemeinsam ansehen, welche Unterlagen ich in welcher Qualität und zu welchen Zeitpunkten von Ihnen bekomme?".

Die Führungskraft hat eine getroffene Vereinbarung nicht eingehalten

Ausgangsituation

Vereinbarungen sind oft schnell getroffen. Im Tagesgeschäft passiert es dann häufig, dass vereinbarte Handlungen nicht oder nur teilweise umgesetzt wurden. Da Führungsprozesse immer auf Vereinbarungen und den darauf folgenden Handlungen beruhen, ist es wichtig, dass die zentrale Führungskraft eine solche Regelverletzung der regionalen Führungskraft auf jeden Fall zum Thema macht.

Beispiel	
Zentrale Führungskraft:	„Wir haben doch beim letzten Gespräch vereinbart, dass Sie den Mitarbeiter M zweimal in der Woche zum Kunden begleiten werden. Danach wollten Sie mir

in einer kurzen E-Mail Ihre Erfahrungen berichten. Ich habe aber keine E-Mail erhalten. Wie sind diese Besuche denn verlaufen?"

Regionale Führungskraft: „Die haben leider gar nicht stattgefunden. Sie wissen ja, dass wir in der letzten Woche mit dem Verkauf des Produktes X sehr viel Arbeit hatten. Es blieb leider keine Zeit mehr."

Zentrale Führungskraft: „Wie sollte ich Ihrer Meinung nach reagieren, wenn zwischen uns getroffene Vereinbarungen nicht eingehalten werden?"

Regionale Führungskraft: (wirkt nervös): „Sie haben Recht, das ist nicht in Ordnung gewesen. Es war aber wirklich eine sehr intensive Arbeitswoche."

Zentrale Führungskraft: „Daran zweifle ich nicht. Ich weiß, dass Ihr Einsatz sehr lobenswert ist. Trotzdem haben Sie selbst die Einarbeitung des neuen Mitarbeiters M als eine Ihrer absoluten Prioritäten bezeichnet. Was hat sich denn daran verändert?"

Regionale Führungskraft: „An meiner Überzeugung, dass die Einarbeitung des Mitarbeiters M hohe Priorität hat, hat sich absolut nichts verändert. Ich hätte wohl meine anderen Aufgaben besser organisieren müssen."

Zentrale Führungskraft: „Welche gemeinsamen Kundenbesuche mit Herrn M sind denn für nächste Woche geplant?"

Regionale Führungskraft: „Nächste Woche haben wir drei gemeinsame Kundentermine ge-

plant. Wollen Sie wissen, worum
es dabei gehen wird?"

Zentrale Führungskraft: „Ja, das interessiert mich sehr.".

Die Führungskraft redet im Führungsgespräch zu viel

Ausgangsituation
Der Redeanteil der Führungskraft in den Führungsgesprächen ist
fast immer zu hoch. Sie neigt ständig dazu, anderen etwas zu erklären, anstatt dem Gegenüber die Möglichkeit zu geben, Antworten auf Fragen, die seinen Entwicklungsprozess betreffen,
selbst zu finden.

Beispiel

Zentrale Führungskraft: „Wie würden Sie Ihren Redeanteil in den Führungsgesprächen
einschätzen?"

Regionale Führungskraft: (lächelt): „Wenn Sie mich so fragen, sind Sie wohl der Meinung,
dass mein Redeanteil zu hoch ist.
Schätzungsweise würde ich sagen
zwischen 40 und 60 Prozent, je
nachdem, um was es geht und wer
mir gegenüber sitzt."

Zentrale Führungskraft: „Welchen Vorteil hätten Sie, wenn
Sie das Führungsgespräch durch
Fragen führen?"

Regionale Führungskraft: „Ich stelle natürlich auch Fragen
in meinen Führungsgesprächen.
Aber dies ist bestimmt noch aus-
baufähig. Der Vorteil ist sicher der,
dass durch die richtigen Fragen
der Verkäufer selbst zum Denken
angeregt wird."

Zentrale Führungskraft:	„Welchen Vorteil hat das für den Verkäufer?"
Regionale Führungskraft:	„Das ist wie im Verkaufsgespräch mit dem Kunden. Der Verkäufer findet kundengerechte Lösungen."
Zentrale Führungskraft:	„Was würde das für ihn bedeuten?"
Regionale Führungskraft:	„Er würde Aktivitäten eher umsetzen, weil er sie selbst im Detail entwickelt hat."
Zentrale Führungskraft:	„Welchen Vorteil hätten Sie davon?"
Regionale Führungskraft:	(lächelt): „Der Verkäufer würde mir einiges an Arbeit abnehmen."
Zentrale Führungskraft:	„Welche Voraussetzungen müssen denn eintreffen, damit Sie zum ‚Fragensteller' im Führungsgespräch werden?"
Regionale Führungskraft:	„Ich müsste mir passende Fragen überlegen und mich auf die Gespräche vorbereiten."
Zentrale Führungskraft:	„Mit welchem Mitarbeiter haben Sie denn das nächste Entwicklungsgespräch geplant?"
Regionale Führungskraft:	„Das nächste Gespräch wird übermorgen mit Frau S sein."
Zentrale Führungskraft:	„Sie kennen ja unsere Unterlage für die Gesprächsvorbereitung. Wollen wir uns anhand dieser Unterlage gemeinsam darauf vorbereiten?" (Gemeint ist das Arbeitsblatt „Vorbereitung des 15-Minuten-Zielgesprächs".)
Regionale Führungskraft:	„Das ist eine gute Idee, dann habe ich die Fragen parat.".

Die Führungskraft ist beim Einfordern von Vereinbarungen nicht sehr konsequent

Ausgangssituation

Das konsequente Einfordern von getroffenen Vereinbarungen ist eines der wichtigsten Kriterien in einem Führungsprozess. Wer einmal nicht konsequent einfordert, der braucht in Zukunft nichts mehr zu vereinbaren.

Beispiel

Zentrale Führungskraft: „Mir ist aufgefallen, dass Sie mir in letzter Zeit mehrmals Planungen geliefert haben, die dann nicht umgesetzt worden sind. Wie kommt das?"

Regionale Führungskraft: „Das stimmt, es kam in letzter Zeit öfters vor, dass Verkäufer nicht jene Umsätze erreicht haben, die vereinbart worden sind."

Zentrale Führungskraft: „Wie sind Sie mit diesen Situationen umgegangen?"

Regionale Führungskraft: „Ich habe die Mitarbeiter natürlich darauf angesprochen. Es wurden immer Gründe genannt, warum sich die Ergebnisse nicht so entwickelt hatten, wie ursprünglich vereinbart."

Zentrale Führungskraft: „Was halten Sie von einer Führungskraft, die Vereinbarungen nicht konsequent einfordert?"

Regionale Führungskraft: „Das ist natürlich nicht in Ordnung. Es stimmt, dass ich mich in diesem Zusammenhang in letzter Zeit oft habe vertrösten lassen."

Zentrale Führungskraft:	„Was lösen Sie aus, wenn Sie Vereinbarungen nicht konsequent einfordern?"
Regionale Führungskraft:	„Ich kann mir vorstellen, was Sie meinen. Wenn man Vereinbarungen nicht einfordert, dann denken die Mitarbeiter, dass es der Führungskraft mit den Vereinbarungen wohl doch nicht ganz so ernst ist."
Zentrale Führungskraft:	„Sind Sie der Meinung, dass Sie mit den Mitarbeitern Leistungen vereinbaren, die über deren Leistungsvermögen liegen?"
Regionale Führungskraft:	„Nein, ich denke, wir orientieren uns sehr genau an dem, was möglich ist. Wir planen mit den Mitarbeitern auch detailliert die Umsetzung der einzelnen Schritte."
Zentrale Führungskraft:	„Gut. Was glauben Sie dann, warum Ihre Mitarbeiter die geforderten Leistungen nicht bringen?"
Regionale Führungskraft:	„Bisher gab es keine Konsequenzen, wenn die geforderten Leistungen nicht erbracht wurden."
Zentrale Führungskraft:	„Was könnte den Mitarbeitern denn passieren?"
Regionale Führungskraft:	„Ich müsste das Thema ernsthaft ansprechen. Genau so, wie Sie das Thema eben mit mir ansprechen."
Zentrale Führungskraft:	„Wie spreche ich denn das Thema an?"
Regionale Führungskraft:	„Sie stellen Fragen, die weh tun."
Zentrale Führungskraft:	„Wollen wir uns gemeinsam Fragen aufschreiben, die Sie Mit-

arbeitern stellen können, wenn getroffene Vereinbarungen nicht eingehalten worden sind?".

Die Führungskraft vermeidet das Konfliktgespräch

Ausgangssituation
Konflikte lösen sich leider in den seltensten Fällen von allein. Das Ansprechen von Konflikten wird oft als unangenehm beschrieben und unterbleibt aus diesem Grund möglichst lange. Für eine Bereinigung der Situation ist es dann oftmals zu spät.

Beispiel

Zentrale Führungskraft:	„Was passiert, wenn Sie einen erkennbaren Konflikt nicht bearbeiten?"
Regionale Führungskraft:	„Dann wird ein Konflikt wohl immer größer werden. Meinen Sie etwas Bestimmtes?"
Zentrale Führungskraft:	„Ja, ich meine den ‚Fünf-Kampf'. So haben wir ja den Verkauf aller fünf Sparten bezeichnet, die unser Unternehmen anbietet. Nun gibt es ja auch in Ihrem Team Mitarbeiter, die da nicht mitmachen."
Regionale Führungskraft:	„Ich habe zwei neue Mitarbeiter, die noch nicht so weit sind, um in allen Sparten fit zu sein."
Zentrale Führungskraft:	„Die neuen meine ich nicht. Ich meine die Herren B und S. Die sind in vier Sparten gut und könnten ohne Weiteres auch die fünfte Sparte beim Kunden platzieren."
Regionale Führungskraft:	„Das stimmt schon. Herr B und Herr S sind die Stützen meines

	Verkaufsteams. Die produzieren in den anderen vier Sparten fast die Hälfte meines gesamten Teamumsatzes."
Zentrale Führungskraft:	„Was glauben Sie, wie viel Geschäfte die beiden Herren in der fünften Sparte abschließen könnten, wenn sie das Thema in jedem Kundengespräch ansprechen würden?"
Regionale Führungskraft:	„Ja, da würden einige Geschäfte mehr geschrieben werden."
Zentrale Führungskraft:	„Was glauben Sie denn, warum unser Unternehmen den ‚Fünf-Kampf' eingeführt hat?"
Regionale Führungskraft:	„Weil es sich um Sparten handelt, die eng verwandt sind. Der Kunde kauft diese Sparten jedenfalls irgendwo am Markt ein."
Zentrale Führungskraft:	„Das heißt also, der Grund, warum unser Unternehmen den ‚Fünf-Kampf' eingefordert hat, ist, dass der Kunde ‚Fünf-Kämpfer' ist?"
Regionale Führungskraft:	„Ja, das kann man so sehen."
Zentrale Führungskraft:	„Welchen Vorteil haben Herr B und Herr S, wenn sie die fünfte Sparte beim Kunden platzieren?"
Regionale Führungskraft:	„Die Kunden kaufen die Sparten bei ihnen und nicht bei der Konkurrenz."
Zentrale Führungskraft:	„Welchen Vorteil hätten sie noch?"
Regionale Führungskraft:	„Sie würden mehr Einkommen haben."
Zentrale Führungskraft:	„Welchen Vorteil hätten sie noch?"
Regionale Führungskraft:	„Je mehr Sparten die Kunden bei uns platziert haben, desto schwe-

rer sind sie von einem Konkurrenzunternehmen abzuwerben."

Zentrale Führungskraft: „Sehr gut. Wer ist verantwortlich
                            dafür, dass den Herren B und S
                            diese Vorteile bewusst werden?"

Regionale Führungskraft: „Ich."

Zentrale Führungskraft: „Wer ist verantwortlich dafür, dass
                            Unternehmensregeln eingehalten
                            werden?"

Regionale Führungskraft (schmunzelt):   „Das bin auch ich."

Zentrale Führungskraft: „Wollen wir uns nun ansehen, wie
                            Sie das Thema mit Herrn B und
                            Herrn S angehen können?".

Die Führungskraft führt das „Training-on-the-Job" nicht durch

Ausgangsituation

Mit dem „Training-on-the-Job" ist in diesem Fall der gemeinsame Kundenbesuch mit dem Verkäufer gemeint. Die Echtsituation im Kundengespräch ist eine wunderbare Möglichkeit für die Führungskraft, den aktuellen Entwicklungsbedarf des Verkäufers festzustellen. Verkäufer wehren sich oft dagegen, weil sie Angst haben, dass dabei ihre Schwächen aufgedeckt werden könnten. Wie produktiv eine Begleitung durch die Führungskraft unter bestimmten Voraussetzungen sein kann, hat sich bei den Verkäufern bislang wenig herumgesprochen. Führungskräfte wollen sich nicht auf den möglichen Konflikt mit dem Verkäufer einlassen und sehen dann davon ab, gemeinsame Besuche beim Kunden einzufordern.

Beispiel

Zentrale Führungskraft: „Mit welchen Worten sprechen
                            Ihre Mitarbeiter im Verkaufsge-
                            spräch die Sparte X an?"

Regionale Führungskraft: „Das kann ich nicht genau sagen."

Zentrale Führungskraft: „Nehmen wir Herrn K. Seine Ergebnisse in der Sparte X sind ja nicht so besonders gut. Was glauben Sie denn, woran das liegt?"

Regionale Führungskraft: „Ich habe das Thema mit Herrn K schon in mehreren Gesprächen bearbeitet. Ich erwarte, dass ich demnächst auch entsprechende Ergebnisse sehe."

Zentrale Führungskraft: „Was konkret macht denn Herr K beim Verkauf der Sparte X falsch?"

Regionale Führungskraft: „So genau weiß ich das nicht."

Zentrale Führungskraft: „Wie wollen Sie jemanden führen, wenn Sie den genauen Ablauf seiner Verkaufsgespräche nicht kennen?"

Regionale Führungskraft: „Ja, da muss ich Ihnen zustimmen."

Zentrale Führungskraft: „Wie könnte das ‚Training-on-the-Job' Ihrem Mitarbeiter dabei helfen, das Problem zu lösen?"

Regionale Führungskraft: „In einem gemeinsamen Kundengespräch könnte ich seine Fehler erkennen und nachher mit ihm bearbeiten."

Zentrale Führungskraft: „Was muss alles beachtet werden, damit ein ‚Training-on-the-Job' erfolgreich verlaufen kann?"

Regionale Führungskraft: „Der Mitarbeiter muss es wollen."

Zentrale Führungskraft: „Wie bringen Sie ihn dazu, dass er es will?"

Regionale Führungskraft: „Ich muss ihm die Vorteile eines solchen Vorgehens verkaufen. Wir müssen die Termine gemeinsam festlegen. Wir müssen vereinba-

	ren, wie ich beim Kunden vorgestellt werde. Außerdem sollten wir vereinbaren, worauf ich besonders achten werde..."
Zentrale Führungskraft:	„Sehr gut. Welcher der von Ihnen aufgezählten Punkte ist Ihrer Ansicht nach der wichtigste?"
Regionale Führungskraft:	„Am wichtigsten ist wohl, dass ich dem Mitarbeiter den Sinn des gemeinsamen Kundenbesuchs verkaufen kann."
Zentrale Führungskraft:	„Welche Frage fällt Ihnen dazu ein?"
Regionale Führungskraft:	„Ich werde ihn fragen:‚Herr K, welche Vorteile kann ein gemeinsamer Besuch beim Kunden für Sie bringen?'"
Zentrale Führungskraft:	„Ja, diese Frage gefällt mir sehr gut. Was denken Sie, wie viele gemeinsame Gespräche mit Herrn K stattfinden müssen, damit er im Verkauf der Sparte X sicher wird?"
Regionale Führungskraft:	„Ich werde ihn zu drei Terminen begleiten. Das sollte reichen."
Zentrale Führungskraft:	„Wann sprechen Sie diesbezüglich mit Herrn K?".

Die Führungskraft trennt sich schwer von schwächeren Mitarbeitern

Ausgangssituation

Oft ist der Führungskraft schon lange klar geworden, dass sich ein bestimmter Mitarbeiter nicht so entwickeln wird, wie es für das Unternehmen notwendig wäre. Würde man sich aber nun voneinander trennen, müsste wieder viel Zeit investiert werden, um einen neuen Mitarbeiter zu finden und diesen aufzubauen. Also wartet die Führungskraft lieber noch ein bisschen ab. Meistens jedoch zu lange.

Beispiel

Zentrale Führungskraft:	„Ich möchte heute mit Ihnen über Herrn S sprechen. Was denken Sie, möchte ich zum Thema machen?"
Regionale Führungskraft:	„Die Leistungen von Herrn S sind leider schon über einen längeren Zeitraum sehr mäßig."
Zentrale Führungskraft:	„Was tun Sie dagegen?"
Regionale Führungskraft:	„Ich habe mit Herrn S schon sehr vieles probiert. Ich habe in den Gesprächen mit ihm immer wieder das Gefühl, dass er sich noch entwickeln wird. Diese Erwartungen erfüllt er dann aber kaum."
Zentrale Führungskraft:	„Was ist der Grund dafür, dass Sie mit Herrn S immer noch zusammenarbeiten?"
Regionale Führungskraft:	„Er bringt regelmäßig Geschäfte. Bei entsprechendem Einsatz könnte er jedoch viel bessere Ergebnisse abliefern. Ich habe die Hoffnung noch nicht aufgegeben."
Zentrale Führungskraft:	„Was denken Ihre anderen Mitarbeiter, wenn Sie akzeptieren, dass Herr S sich nicht an die Regeln in unserem Unternehmen hält?"
Regionale Führungskraft:	„So habe ich das noch gar nicht gesehen. Die fragen sich dann vielleicht, warum sie mit vollem

	Einsatz arbeiten sollen, wenn schwache Leistungen auch akzeptiert werden."
Zentrale Führungskraft:	„Was ist also zu tun?"
Regionale Führungskraft:	„Wenn Sie mich so fragen, dann gibt es nur zwei Möglichkeiten: Entweder Herr S steigert sich deutlich, oder wir trennen uns von ihm."
Zentrale Führungskraft:	„In welchem Zeitrahmen sollte das Ihrer Ansicht nach geschehen?"
Regionale Führungskraft:	„Das Jahr dauert noch drei Monate. Eine Frist bis Jahresende bietet sich an."
Zentrale Führungskraft:	„Was soll Herr S bis zum Jahresende erreichen?"
Regionale Führungskraft:	„Wir haben bezüglich Terminanzahl und Ergebnisse in Stückzahlen pro Sparte im Team genaue Vereinbarungen getroffen, welche Leistungen im Minimum zu erbringen sind. Die Hälfte der Mitarbeiter liefert regelmäßig deutlich bessere Leistungen ab. Herr S soll im ersten Schritt zumindest die vereinbarten Mindestziele erfüllen."
Zentrale Führungskraft:	„Um wie viel Prozent müsste sich Herr S steigern, um diese Mindestanforderungen zu erfüllen?"
Regionale Führungskraft:	„Um ungefähr 30 Prozent."
Zentrale Führungskraft:	„Gut, damit bin ich einverstanden. Was passiert, wenn er sich nicht steigert?"

| Regionale Führungskraft: | „Dann arbeite ich mit ihm ab dem 1. Januar nächsten Jahres nicht mehr zusammen." |
| Zentrale Führungskraft: | „Gut. Wollen wir uns nun noch gemeinsam auf das Gespräch mit Herrn S vorbereiten?"". |

Ein bestimmtes Produkt X wird in der Geschäftsstelle nicht verkauft

Ausgangsituation

Stellen wir uns ein Verkaufsteam vor, das in den meisten Sparten des Unternehmens gute Umsätze bringt. Eine bestimmte Sparte wird von den Verkäufern aber nicht angesprochen. Häufig werden dafür regionale Gesichtspunkte als Ausrede angeführt. Der wahre Grund liegt aber meist einfach darin, dass die Verkäufer selbst das Produkt nicht „gekauft" haben.

Beispiel

Zentrale Führungskraft:	„Die Ergebnisse, die Ihr Team abliefert, waren in letzter Zeit beachtlich gut. Es gibt aber auch einen Bereich, mit dem ich nicht zufrieden bin. Was glauben Sie denn, welcher Bereich das ist?"
Regionale Führungskraft:	„Sie sprechen sicher das Produkt A an. Ich weiß, dass unsere Ergebnisse zu diesem Produkt nicht Ihren Erwartungen entsprechen."
Zentrale Führungskraft:	„Was glauben Sie denn, woran das liegt?"
Regionale Führungskraft:	„Die Mitarbeiter haben sich mit diesem Produkt noch nicht ganz angefreundet. Es ist schwer zu verkaufen."

Zentrale Führungskraft:	„Andere Vertriebsbereiche zeigen aber, dass es für das Produkt am Markt anscheinend doch eine große Nachfrage gibt. Warum ist das bei Ihnen nicht so?"
Regionale Führungskraft:	„Das Produkt A ist im hochpreisigen Segment angesiedelt. Die Kaufkraft der Kunden in meinem Verkaufsgebiet ist nicht besonders stark."
Zentrale Führungskraft:	„Heißt das, dass dieses Produkt von Kunden in Ihrem Verkaufsgebiet überhaupt nicht gekauft wird?"
Regionale Führungskraft:	„Doch, das Produkt wird schon gekauft, aber die Nachfrage der Kunden ist eben nicht so stark wie nach anderen Produkten."
Zentrale Führungskraft:	„Wo kaufen die Kunden dann das Produkt, wenn sie es nicht bei Ihren kaufen dürfen?"
Regionale Führungskraft:	„Das ist eine gute Frage. Wahrscheinlich beim Mitbewerber."
Zentrale Führungskraft:	„Was muss geschehen, damit die Kunden das Produkt bei uns kaufen?"
Regionale Führungskraft:	„Die Verkäufer müssten mit den Kunden regelmäßig darüber sprechen."
Zentrale Führungskraft:	„Wer ist verantwortlich dafür, dass Ihre Verkäufer das tun?"
Regionale Führungskraft:	„Ja, ich weiß, das bin natürlich ich."

Zentrale Führungskraft:	„Gut, dass Sie das so sehen. Wie schätzen Sie denn das Verhältnis zwischen Ansprache und Abschluss bei diesem Produkt ein?"
Regionale Führungskraft:	„Normalerweise benötigen meine Verkäufer zwei bis drei Ansprachen für einen Abschluss. Bei diesem Produkt sind sicher mehr Ansprachen notwendig. Sagen wir fünf."
Zentrale Führungskraft:	„Was ist nun Ihrer Ansicht nach zu tun?"
Regionale Führungskraft:	„Ich muss diese Informationen so schnell wie möglich an meine Verkäufer weitergeben."
Zentrale Führungskraft:	„Wann wird das sein?"
Regionale Führungskraft:	„Wir haben jeden Mittwoch unseren Workshop, also übermorgen."
Zentrale Führungskraft:	„Was müssen denn die Verkäufer auf diesem Workshop erfahren, damit sie das Produkt ansprechen?"
Regionale Führungskraft:	„Sie müssen erfahren, dass die Kunden das Produkt woanders kaufen, wenn wir nicht darüber reden. Sie müssen einkalkulieren, dass bei diesem Produkt mehr Ansprachen nötig sind als sonst, und wir müssen den Einstiegssatz für dieses Produkt noch einmal üben. Schließlich müssen wir die Anzahl der Ansprachen in den Kundenterminen der nächsten Tage festlegen."

Wenn die regionale Führungskraft nicht von sich aus die einzelnen Punkte aufgezählt hätte, wäre es notwendig gewesen,

mit der Frage „Was noch?" nachzuhaken, und zwar so lange,
bis alle wichtigen Punkte aufgezählt sind.

Zentrale Führungskraft:	„Das gefällt mir gut. Wollen wir noch gemeinsam eine Grobplanung für den Workshop erstellen?".

Die Führungskraft macht bei der Mitarbeiterauswahl Kompromisse

Ausgangssituation

Kompromisse bei der Mitarbeiterauswahl haben sich noch nie bezahlt gemacht. Ein Mitarbeiter, der vielleicht für den Job geeignet ist, verbraucht in der Einarbeitungszeit genauso viel Energie der Führungskraft, wie ein Mitarbeiter, der sicher für den Job geeignet ist. Kompromisse werden oft aus Mangel an Alternativen geschlossen, vor allem dann, wenn der Punkt „Mitarbeiterausbau" Teil des Leistungszieles einer Führungskraft ist und das Jahr sich zu Ende neigt.

Beispiel

Zentrale Führungskraft:	„Ich will heute mit Ihnen über die Qualität der neuen Mitarbeiter reden, die Sie für unser Unternehmen gewonnen haben. Wie ist denn Ihre Meinung dazu?"
Regionale Führungskraft:	„In letzter Zeit hatte ich zweimal Pech bei der Auswahl. Die letzten zwei Mitarbeiter, die ich ausgewählt habe, entwickeln sich leider nicht so, wie ich mir das vorgestellt hatte."
Zentrale Führungskraft:	„Was war denn der Grund dafür, dass Sie diese Leute ausgewählt haben?"

Regionale Führungskraft:	„Beide hinterließen in den Gesprächen einen ziemlich guten Eindruck, und beide konnten Erfahrungen mit dem Verkauf in unserer Branche nachweisen."
Zentrale Führungskraft:	„Was war der Grund dafür, dass die beiden ihr Unternehmen wechseln wollten?"
Regionale Führungskraft:	„Es gab keinen speziellen Grund. Ich glaube, dass sie einfach Gefallen an unserem Unternehmen gefunden haben. Schließlich sind wir der Branchenleader."
Zentrale Führungskraft:	„Von welchem Unternehmen kamen denn die beiden?"
Regionale Führungskraft:	„Sie kamen aus dem Unternehmen XY. Die vertreiben ähnliche Produkte wie wir. Das Cross-Selling hatte in diesem Unternehmen aber nicht die Bedeutung, die es bei uns hat."
Zentrale Führungskraft:	„Was ist der Grund, dass die beiden bei uns nicht Fuß fassen können?"
Regionale Führungskraft:	„Es ist leider genau das Cross-Selling, das den beiden zu schaffen macht. Sie waren es gewohnt, eine oder höchstens zwei Sparten in einem Gespräch anzusprechen."
Zentrale Führungskraft:	„Welche Möglichkeiten hatten Sie denn, um die Eignung der Bewerber festzustellen?"
Regionale Führungskraft:	„Es stimmt. Ich hätte mehr in die Tiefe gehen müssen, dann wären wir vielleicht früher auf dieses Problem gestoßen."

Zentrale Führungskraft:	„Sie sagten, die Bewerber hätten in den ersten Gesprächen einen ziemlich guten Eindruck hinterlassen. Ganz überzeugt von deren Qualität waren Sie wohl nicht, oder?"
Regionale Führungskraft:	„Das stimmt. Aber es gab zu dem Zeitpunkt auch keine Alternativen."
Zentrale Führungskraft:	„Welchen Sinn hat es, mit Menschen zu arbeiten, von deren Qualität Sie von Anfang an nicht zu hundert Prozent überzeugt sind?"
Regionale Führungskraft:	„Ja, da sprechen Sie ein wichtiges Thema an."
Zentrale Führungskraft:	„Wie wollen Sie denn den Auswahlprozess in Zukunft verbessern?"
Regionale Führungskraft:	„Vielleicht sollte ich die Meinung eines anderen in meine Entscheidung mit einbauen."
Zentrale Führungskraft:	„Damit können wir gleich beginnen. Sie haben erwähnt, dass Sie im Augenblick mit einem Kandidaten als Juniorpartner für Frau L im Gespräch sind…"

Der folgende Fragenkatalog ist für ein erfolgreiches Bewerbergespräch sinnvoll.

* Fragen an den Bewerber
  - „Wer sind Sie?"
  - „Was haben Sie bisher gemacht?"
  - „Was veranlasst Sie, den Arbeitgeber zu wechseln?"
  - „Was sind Ihre Stärken?"

– „Was sind Ihre Entwicklungsfelder?"
– „Wie sehen Ihre familiären Verhältnisse aus?"
– „Was sagt Ihre Frau/ Ihr Mann/ Ihre Familie zu Ihrer Bewerbung?"
– „Wie sieht Ihre Lebensplanung für die nächsten Jahre aus?"
– „Welche Vorstellung haben Sie von diesem Job?"
– „Was finden Sie am Verkauf interessant?"
– „Was macht einen guten Verkäufer aus?"
– „Wie viele Termine hat ein erfolgreicher Verkäufer pro Woche?"
– „Wie kommen Sie zu Ihren Kunden?"
– „Welchen Vorteil haben Sie, wenn ein Kunde mehrere Sparten/ Produkte bei Ihnen kauft?"
– „Wie wichtig ist für Sie eine detaillierte Erfolgsplanung?"
– „Was halten Sie von Controllingmaßnahmen?"
– „Wie ernst nehmen Sie getroffene Vereinbarungen?"
– „Warum soll ich mit Ihnen arbeiten?"
– „Was erwarten Sie von Ihrer Führungskraft?"
– „Wie gehen Sie mit Konflikten um?"
– „Was halten Sie von Teamarbeit?"

2.3.3 Führungskraft führt Führungskraft, die selbst auch Verkäufer ist

In diesem Abschnitt geht es um eine Führungsstruktur, die vor allem in der Finanzdienstleistung sehr verbreitet ist. Ein Verkäufer hat sein eigenes Verkaufsgebiet zu betreuen und ist darüber hinaus auch noch regionale Führungskraft für ein ca. drei bis sechs Verkäufer umfassendes Team. Diese Rolle kann auf lange Sicht hin nur jemand erfolgreich einnehmen, der sich verantwortlich dafür fühlt, dass *er selbst* und *alle seine Mitarbeiter* die vereinbarten Umsatzziele erreichen und die aktuellen Unternehmensre-

geln umsetzen. Da gibt es absolut *keine* Kompromisse. Folgendes
Beispiel illustriert, dass Kompromisse leider oft vorkommen.

Das Unternehmen in unserem Beispiel legt großen Wert auf
Cross-Selling und bezeichnet die Aktivitäten zum Verkauf aller
angebotenen fünf Sparten als „Fünf-Kampf". Während die Frage:
„Was halten Sie vom Fünf-Kampf?" als sehr wichtige Aufgabe
betrachtet wird, antwortet auf die nächste Frage: „Wer in dieser
Gruppe ist Fünf-Kämpfer?" kaum jemand mit „Ich".

Die Teilnehmer sind rasch zu überzeugen, dass es unmöglich
ist, von anderen Verkäufern den Fünf-Kampf einzufordern, wenn
sie ihn selbst nicht vorleben. Den Teilnehmern wird auch schnell
klar, dass sie die besten Fragen im Zielgespräch nicht stellen können, wenn sie selbst nicht Fünf-Kämpfer sind.

Beispiel

*Zielgespräch mit einem Mitarbeiter, der die Rentenvorsorge
nicht anspricht:*

Führungskraft:	„Herr Mitarbeiter, wer ist denn verantwort-lich dafür, dass Ihre Kunden in der Rente keine Sorgen haben?"
Mitarbeiter:	„Und wer ist für Ihre Kunden verantwortlich?"

Oft sind auf den Seminaren mit den regionalen Führungskräften
deren Chefs (in diesem Unternehmen als Vertriebsdirektoren bezeichnet) anwesend. Wenn in den Seminaren dann deutlich der
Fünf-Kampf eingefordert wird, gibt es von den regionalen Führungskräften nicht selten an den Vertriebsdirektor gerichtete, hil-
fesuchende Blicke. Der Vertriebsdirektor stellt dann klar, dass die
regionalen Führungskräfte natürlich Fünf-Kämpfer sein müssen,
aber nicht gleich, sondern bis… oder zumindest bis… Dann kann
ich als Trainer mit meiner Überzeugungsarbeit wieder von vorne
anfangen.

Es kann doch nicht sein, dass der externe Trainer der einzige
ist, der bei der Einforderung von Unternehmenszielen konsequent

ist. Ich habe auch die Erfahrung gemacht, dass die regionalen Führungskräfte meine konsequente Linie durchaus sehr schätzen, vor allem, nachdem ich ihnen durch ein paar gute Fragen klargemacht habe, wie sehr sie sich alle selbst die Führungsprozesse unnötig erschweren, wenn sie nicht Fünf-Kämpfer sind.

Manchmal gibt es auch Diskussionen, ob es nicht sinnvoller wäre, den Fünf-Kampf für regionale Führungskräfte abzuschaffen. Und auch zu diesem Thema habe ich von Vertriebsdirektoren schon sehr unklare Äußerungen gehört. Meine Antwort lautet: „Sie spielen in einem Unternehmen, in dem die Spielregeln klar definiert sind. Es hat überhaupt keinen Sinn, Energie dafür zu verschwenden, auszumalen, wie es anders sein könnte. Es ist eben so, wie es ist. Wenn Ihnen das nicht gefällt, bleibt Ihnen nur eine andere Funktion im Unternehmen oder ein anderes Unternehmen. Wollen wir uns nun damit beschäftigen, wie Sie selbst den Fünf-Kampf erreichen?" In diesem Zusammenhang ist die Frage nach der jeweilig geltenden Sparte sinnvoll: „Welche Sparte fehlt Ihnen zur Erreichung des Fünf-Kampfes?"

Tabelle 2.6 zeigt eine typische Problemsituation zwischen der zentralen Führungskraft und der regionalen Führungskraft, die selbst auch Verkäufer ist. Sie haben Platz, um eine weitere für Sie typische Führungssituation und die dazugehörigen Einstiegsfragen eintragen zu können. Natürlich sind für diese Führungskonstellation auch alle anderen Beispiele aus dem Abschn. 2.3.2 wichtig.

Tab. 2.6 Typischer Problembereich auf der Ebene zentrale Führungskraft und regionale Führungskraft

Beispiel
Die Führungskraft hält sich nicht an bestimmte Unternehmensregeln
Was halten Sie von einem Chef, der selbst nicht vorlebt, was er von anderen erwartet?
Was halten Sie von einer Führungskraft, die die Unternehmensziele nicht umsetzt?

Die Führungskraft hält sich nicht an bestimmte Unternehmensregeln

Ausgangssituation

Bleiben wir bei dem weiter oben angeführten Beispiel eines Unternehmens, das auf Cross-Selling großen Wert legt und das aktive Anbieten aller seiner fünf Sparten beim Kunden als Fünf-Kampf bezeichnet hat. Oft kommt es vor, dass die regionale *Führungskraft* dieses Ziel als *Verkäufer* nicht erreicht hat.

Beispiel

Zentrale Führungskraft:	„Was glauben Sie denn, was ich mit Ihnen besprechen will?"
Regionale Führungskraft:	„Ich weiß es nicht genau. Wir liegen bei den Umsätzen ganz gut im Kurs."
Zentrale Führungskraft:	„Was heißt, dass Sie gut im Kurs liegen?"
Regionale Führungskraft:	„Drei meiner fünf Mitarbeiter sind Fünf-Kämpfer. Die anderen zwei werde ich im Laufe des Jahres sicher noch auf dieses Ziel hinbewegen können."
Zentrale Führungskraft:	„Wie sehen Ihre persönlichen Ergebnisse bisher aus?"
Regionale Führungskraft:	„Ich bin nach wie vor in drei Sparten gut. Die Führung der Mitarbeiter nimmt sehr viel Zeit in Anspruch. Alles auf einmal geht einfach nicht."
Zentrale Führungskraft:	„Was halten Sie von einem Chef, der selbst nicht vorlebt, was er von anderen erwartet?"

Regionale Führungskraft:	„Ich weiß, dass das eine schwierige Situation ist. Aber ich habe schon gesagt, dass das Führen der Mitarbeiter viel Zeit in Anspruch nimmt."
Zentrale Führungskraft:	„Das Zeitproblem können wir uns später noch genauer ansehen. Die Zeit ist immer knapp. Zuerst aber noch folgende Frage an Sie: Was halten Sie von einer Führungskraft, die Unternehmensziele nicht umsetzt?"
Regionale Führungskraft:	„Sie haben Recht, das geht nicht."
Zentrale Führungskraft:	„Welches Problem wird auf Sie zukommen, wenn Sie etwas von Ihren Mitarbeitern einfordern, das Sie selbst nicht praktizieren?"
Regionale Führungskraft:	„Die Mitarbeiter werden dafür wahrscheinlich wenig Verständnis zeigen."
Zentrale Führungskraft:	„Welche Voraussetzungen müssen Sie schaffen, damit Ihre Mitarbeiter Sie auf längere Sicht hin als Chef akzeptieren?"
Regionale Führungskraft:	„Ich werde ihnen wohl zeigen müssen, wie man den ‚Fünf-Kampf' erreicht."
Zentrale Führungskraft:	„Welche Sparten fehlen Ihnen denn im Augenblick zur Erreichung des ‚Fünf-Kampfes'?"
Regionale Führungskraft:	„Es sind die Sparten B und D".
Zentrale Führungskraft:	„Woran liegt es, dass Sie die Sparten B und D zu wenig verkaufen?"

Regionale Führungskraft: „Ich weiß, wie es funktioniert, aber mir fehlt die Zeit."

Zentrale Führungskraft: „Wollen wir uns nun gemeinsam ansehen, wie Sie Ihre Zeit so strukturieren können, dass Sie im Eigenverkauf die Unternehmensvorgaben erreichen?".

Häufige Fehler beim 15-Minuten-Zielgespräch

3

Seit dem Erscheinen der ersten Auflage des Buches hatte ich Gelegenheit, das 15-Minuten-Zielgespräch in meinen Seminaren viele Male üben zu lassen. Dabei haben sich typische Fehler in der Anwendung herauskristallisiert, die ich im Folgenden vorstelle.

3.1 Fehler bei den Einstiegsfragen

Bevor wir die Zielgespräche im Seminar üben, lasse ich immer eine Gruppenarbeit durchführen. Die Teilnehmer erhalten dafür eine Liste mit den typischen Führungssituationen in ihrem Unternehmen und werden gebeten, zu diesen Situationen eine W-Frage zu finden, mit der sie das Thema in einem Zielgespräch mit ihren Verkäufern elegant ansprechen könnten. Die Zielgespräche können sich beispielsweise auf folgende Ausgangssituationen beziehen:

1. Der Verkäufer kann sich mit einem neuen Produkt nicht anfreunden.
2. Der Verkäufer ist in der Summe gut, verkauft aber kaum Rentenvorsorgen.

© Springer Fachmedien Wiesbaden 2014
K. Herndl, *Das 15-Minuten-Zielgespräch,*
DOI 10.1007/978-3-8349-4725-3_3

3. Der Verkäufer ist in bestimmten Sparten gut, macht aber kaum Cross-Selling.
4. Der Verkäufer arbeitet gut im eigenen Kundenbestand, bringt aber kaum Neukunden.
5. Der Verkäufer erfüllt seine Ziele, hätte aber mehr Potenzial.
6. Der Verkäufer ist seit einiger Zeit in einem Formtief.
7. Der Verkäufer hat fast jede Woche zu wenige Termine.
8. Der Verkäufer wehrt sich gegen Controllingmaßnahmen.
9. Der Verkäufer wendet für seinen Job zu wenig Zeit auf.
10. Der Verkäufer hat eine Vereinbarung nicht eingehalten.
11. Der Verkäufer ist gut in der Beratung, aber weniger gut im Abschluss.
12. Der Verkäufer spricht die Empfehlung nicht an.
13. Der Verkäufer redet im Verkaufsgespräch zu viel.
14. Der Verkäufer wehrt sich gegen die Begleitung der Führungskraft zum Kunden.

Die entsprechenden Fragen habe ich natürlich vorbereitet und könnte diese auch gleich an die Teilnehmer verteilen. Die Praxis zeigt aber, dass erst dadurch, dass die Teilnehmer in den Gruppenarbeiten Fehler machen, der tiefere Sinn der von mir ausgearbeiteten Fragen verstanden werden kann. Fehler, die man durch den Kommentar des Trainers erkennt, macht man dann hoffentlich nie mehr. Dieser Lerneffekt tritt nicht auf, wenn die ausformulierten Fragen nur durchgelesen werden.

Betrachten wir im Folgenden ein paar typische Fehler, die in den Gruppenarbeiten immer wieder gemacht werden. Die richtigen Fragen für die angeführten Beispiele finden Sie auf den Seiten 70 bis 73 dieses Buches.

3.1.1 Es hat keinen Sinn, Fakten in Frage zu stellen!

Diese Schwäche zeigt sich oft beim ersten Beispiel: Der Verkäufer kann sich mit einem neuen Produkt nicht anfreunden. Ein häufiger Vorschlag lautet: „Wie müsste das neue Produkt gestaltet sein, damit Sie es verkaufen würden?". Damit wird fälschlicherweise unterstellt, dass das Produkt veränderbar wäre. Man regt den Verkäufer mit dieser Frage an, seine Einwände im Hinblick auf das Produkt zu nennen.

Häufig kommt auch die Frage: „Was stört Sie an diesem Produkt?". Diese Frage ist zu diesem Zeitpunkt ebenfalls völlig falsch. Es werden nämlich beim Mitarbeiter genau jene Denkprozesse angeregt, die die Führungskraft im Augenblick nicht brauchen kann. Der Mitarbeiter wird veranlasst, über Nachteile nachzudenken, und es ist nicht einfach, ihn von dieser Schiene wieder abzubringen. Wenn Führungskräfte nach Nachteilen fragen, dann brauchen sie sich nicht zu wundern, wenn von den Verkäufern Nachteile genannt werden. Unsere innere Automatik ist aber anscheinend genau so programmiert, sonst würden die Angebote der Seminarteilnehmer nicht so häufig in diese Richtung gehen. Wenn Sie den Mitarbeiter auf die Aktivitätsschiene setzen wollen, müssen Sie nach Vorteilen fragen.

3.1.2 Negative Formulierungen zwingen den Gesprächspartner in die Verteidigung!

Immer wenn ein „nicht" vorkommt, ist die Frage nicht hilfreich. „Warum sprechen Sie die Rente nicht an?" *(Beispiel 2)* bzw. „Warum machen Sie kein Cross-Selling?" *(Beispiel 3)* sind Fragen, die darauf abzielen, Ausreden zu erzählen. In die gleiche Richtung gehen auch die Fragen „Was stört Sie an Controllingmaßnahmen?" *(Beispiel 8)* bzw. „Warum sprechen Sie die Empfehlung nicht an?" *(Beispiel 12)*. „Was haben Sie gegen Training-on-the-

Job?" *(Beispiel 14)* ist ein ebenso häufiger wie falscher Formulierungsvorschlag der Teilnehmer. Die Häufigkeit der negativen Formulierungen in den vorgestellten W-Fragen der Teilnehmer zeigt, dass es wohl in der Praxis genauso passiert. Dann müssen wir uns aber nicht wundern, wenn Entwicklungsgespräche eben „nicht" Entwicklung ermöglichen, sondern in der Jammerphase stecken bleiben.

3.1.3   Wer „Wir" statt „Du" sagt, muss arbeiten!

Das „Wir" kommt in den Vorschlägen der Teilnehmer zu häufig vor. „Wir" heißt ja in diesem Zusammenhang, dass die Führungskraft auch etwas tun muss und dann möglicherweise dem Verkäufer eine Arbeit abnimmt, die er selbst durchführen könnte. Häufig höre ich folgende Vorschläge: „Wie könnten wir denn Ihr Rentengeschäft verbessern?" *(Beispiel 2)* bzw. „Wie könnten wir Ihr Potenzial noch besser einsetzen?" *(Beispiel 5)*. Der Mitarbeiter bringt dann häufig einen Vorschlag ein, der Arbeit für die Führungskraft bedeutet („Veranlassen Sie doch in der Zentrale eine entsprechende Selektion meines Kundenbestandes."). Dabei könnte der Mitarbeiter in vielen Fällen selbst aktiv werden, wenn die Führungskraft die entsprechenden Fragen gestellt hätte.

An dieser Stelle zeigt sich besonders deutlich, dass Führungskräfte einerseits oft eine Aktivität für sich suchen, die ihre Führungsfunktion rechtfertigt. Andererseits jammern sie auch gerne, dass ihnen die Zeit an allen Ecken und Enden fehle.

3.2   Fehler bei der Durchführung

Im Folgenden stelle ich Ihnen häufige Fehler bei der Durchführung der einzelnen Gesprächsphasen vom Smalltalk bis hin zum Protokoll vor.

3.2.1 Smalltalk

Der Smalltalk ist in den Übungsgesprächen offensichtlich die leichteste Übung. Die Teilnehmer sind es gewohnt, in der Praxis Gespräche mit Smalltalk zu beginnen. Bitte beachten Sie, dass im Smalltalk berufliche Themen vermieden werden. Ich habe gerade in letzter Zeit wieder einige Gespräche erlebt, in denen ein Smalltalk über Arbeitsthemen ein Gespräch fast in eine unbeabsichtigte Richtung gedrängt hätte. Ein weiterer häufiger Fehler ist der Redeanteil der Führungskraft. Wenn der Mitarbeiter nach dem Wochenende gefragt wird, dann sollten Führungskräfte die Rolle des Zuhörers und Nachfragers einnehmen und nicht die erstbeste Gelegenheit nutzen, um über ihr eigenes Wochenende zu erzählen.

3.2.2 Lob

Es hat sich gezeigt, dass es anscheinend schwer ist, ein treffendes und wirkungsvolles Lob auszusprechen. Offensichtlich wird mit Lob auch regional sehr unterschiedlich umgegangen. Im fränkischen Sprachraum ist ein Lob in der Art „das war gar nicht so schlecht" so ziemlich das ausführlichste, was man zu hören bekommt. Es gibt aber auch zu lange Lobeshymnen, die fast schon peinlich werden. Und weil so viel Lob im Raum steht, wird das Problem, das angesprochen werden soll, verniedlicht: „Ich habe da noch ein kleines Problem,… was glauben Sie, was ich mit Ihnen denn nun besprechen will?" Das kleine Problem entpuppt sich aber oft als eine große Baustelle, und das Lob war im Nachhinein betrachtet einfach zu viel des Guten.

3.2.3 Thema

An dieser Stelle möchte ich die E-Mails vieler Teilnehmer erwähnen, die ich in letzter Zeit erhalten habe. Aus ihnen wird ersichtlich, dass die Mitarbeiter auf die Frage „Was denken Sie, was heute unser Thema sein soll?" tatsächlich das Thema nennen, das sich die Führungskraft vor dem Gespräch vorgenommen hat. Ja, der Mitarbeiter kennt natürlich seine wichtigsten Entwicklungsfelder, auch wenn er deren Bearbeitung gerne von sich schiebt, bis ihn jemand konkret darauf anspricht. Spricht aber der Mitarbeiter das Thema an, so hat er es quasi zu seinem Thema erklärt.

3.2.4 Handlung

Die Handlung wird häufig zu wenig konkret festgemacht. Wir wissen, dass die Handlung eine ganz konkrete Aktivität beim Kunden ermöglichen soll: Es muss hierfür eine konkrete Frage gestellt werden. Wenn eine Frage gefunden worden ist, gilt es nun, einen kleinen Übungsteil ins Führungsgespräch einzubauen. Dieser Übungsteil wird leider oft vergessen bzw. die Ansage dieser Übung ist so unpräzise, dass der Verkäufer damit nichts anfangen kann. Prägen Sie sich die Ansage dieser Übung genau ein. Die Übung wird dem Verkäufer helfen, seine rote Linie beim Kunden zu überschreiten, weil er es mit Ihnen üben konnte.

3.2.5 Vereinbarung

Es reicht nicht zu vereinbaren, dass eine Frage beim Kunden nächste Woche „mehrmals" gestellt wird, um beispielsweise ein neues Produkt anzusprechen. Es reicht auch nicht, dass diese Frage „bei der Hälfte" der Kundengespräche gestellt wird. Die Vereinbarung muss lauten, diese Frage bei allen Kunden zu stellen, die für das Produkt X in Frage kommen. Um das festzustellen, muss die Führungskraft eben alle Kunden der nächsten Woche mit dem Verkäufer anhand seines Kalenders „durchgehen" und besprechen. Dann wird man möglicherweise feststellen, dass die Frage für acht von zehn Kunden passend ist.

3.2.6   Controlling

Das Controlling wird häufig ungenau oder gar nicht vereinbart. Nach der Intervention von außen wird natürlich nachgebessert. Trotzdem ist klar erkennbar, dass das Einfordern für Führungskräfte eben eine rote Linie ist, an der permanent gearbeitet werden muss. Mitarbeiter neigen dazu, den Zeitpunkt des Controllings so weit wie möglich hinauszuschieben. Wenn sie eine Verhaltensänderung erzielen wollen, dann müssen Sie das Controlling am Ende des ersten Arbeitstages ausmachen, nachdem diese neue Verhaltensweise zum ersten Mal ausprobiert worden ist. Dies hat folgende Vorteile:

- Der Mitarbeiter fährt schon morgens mit dem Wissen zum ersten Kunden, dass er am Abend den Chef anrufen soll. Die Wahrscheinlichkeit, dass er schon dem ersten Kunden die vereinbarte Frage stellt, ist deswegen recht groß.
- Der Mitarbeiter kann möglicherweise am Abend schon von ersten Erfolgen berichten. Vielleicht hat er eine Verkaufsanbahnung geschafft, vielleicht sogar einen Abschluss.
- Wenn alles daneben gegangen ist, haben Sie rasch eine Rückmeldung und können unmittelbar eingreifen (andere Frage entwickeln, gemeinsamer Kundenbesuch…).

Wenn Sie das Controlling ein paar Tage hinausschieben, können Sie bald wieder von vorne anfangen.

3.2.7 Protokoll

Obwohl wir mit den Teilnehmern ganz klar ausmachen, dass der Mitarbeiter die Zusammenfassung durchführt und die Führungskraft parallel dazu Stichworte auf einem Protokollblatt einträgt, wird diese Ordnung im Gespräch oft wieder vergessen. Die Führungskraft fasst häufig selbst zusammen und schreibt das Protokoll. Wenn ich dann diese Sequenz noch einmal in der ausgemachten Ordnung durchspielen lasse, sieht man den großen Unterschied in der Wirkung auf den Verkäufer. Was er selbst zusammenfasst, hat er verstanden. Damit erhöht sich die Wahrscheinlichkeit, dass er das Protokoll unterschreiben und die Aktivitäten in der Praxis umsetzen wird.

3.3　Folgendes gilt es ebenfalls zu beachten

3.3.1　Das Einholen der Unterschrift wird oft zerredet!

Das Einfordern der Unterschrift unter das Protokoll am Schluss des Gespräches bereitet den meisten Teilnehmern Probleme. Oftmals gibt es nur sehr zaghafte Versuche, die Unterschrift einzufordern. Häufig wird diese Gesprächsphase von der Führungskraft „zerredet". Es wird lange erklärt, warum es jetzt sinnvoll ist, dieses Protokoll zu unterschreiben. Das Prozedere dauert so lange, dass der Mitarbeiter ausreichend Zeit hat, seine Abwehrhaltung aufzubauen. Am besten ist es, wenn Sie als Führungskraft das Protokoll kurz und schmerzlos unterschreiben und es dann dem Mitarbeiter herüberschieben. Verkneifen Sie sich an dieser Stelle jede Erklärung und jeden Kommentar.

3.3.2 Der Redeanteil der Führungskraft ist zu hoch!

Angesichts der Anwesenheit des Trainers und der Kamera bemühen sich die Führungskräfte, den Redeanteil einzuschränken und vor allem mit Fragen zu arbeiten. Eine Frage des Mitarbeiters im Sinne von „Wie sehen Sie das, Chef?" führt aber oftmals dazu, dass die Führungskraft einen Vortrag beginnt. Im Video sieht man dann eine angespannte Führungskraft, die versucht, einen Mitarbeiter zu überreden. Man sieht aber auch einen Mitarbeiter, der sich zurücklehnt und im Augenblick nicht gefordert ist. Im Training lasse ich das Video gerne in Zeilupe ablaufen. Dann wird es noch deutlicher.

3.3.3 Nicht am Vergangenen festbeißen!

Nehmen wir an, unser Problem ist ein Verkäufer, der in manchen Sparten gut arbeitet, aber die Sparte X nicht anspricht. Es wurde bereits ausgeführt, welche Fragen gestellt werden müssen, damit der Verkäufer das Problem erkennt. Sobald der Verkäufer das Problem erkannt hat, sind Fragen, die sich auf das in der Vergangenheit liegende Handeln beziehen, fehl am Platz. Stellen Sie also *nicht* die folgende Frage: „Wenn das Produkt X so gut zu dem Kunden passt, wieso haben Sie es dann nicht angesprochen?". Denn daraufhin müsste sich der Verkäufer verteidigen und rechtfertigen. Schnell entsteht dann wieder ein Schlagabtausch. Ganz anders verhält es sich mit Fragen, die auf das zukünftige Handeln abzielen: Sie erzeugen Aktivität.

3.3.4 Das „Was" ohne das „Wie" ist zu wenig!

Sobald das Thema (Was) verkauft ist, geht es darum, dass der Verkäufer für sich eine Möglichkeit findet, das Ganze umzusetzen (Wie). Wenn ab sofort eine weitere Sparte angesprochen werden soll, wird der Mitarbeiter das eher tun, wenn er dafür die richtige Frage für sich gefunden und sie im Rollenspiel mit der Führungskraft erprobt hat.

Dieser Teil des Gespräches wird oft einfach ausgelassen. Das zeigt deutlich, dass wir das „Wie" in den Führungsgesprächen mit unseren „echten" Mitarbeitern oft vernachlässigen. Wir müssen uns nicht wundern, wenn ein vereinbarter Entwicklungsprozess wieder nicht stattgefunden hat. Wenn ich im Übungsgespräch darauf bestehe, diesen Teil des Gespräches durchzuführen, erlebt der Verkäufer gerade diese Sequenz als besonders hilfreich für das Umsetzen des Entwicklungsschrittes.

Das „Wie" ist deshalb ein so zentraler Teil des Entwicklungsgespräches, weil der Verkäufer seine Gewohnheiten im Verkaufsgespräch oft ganz entscheidend ändern muss. Wenn der Verkäufer jahrelang im Verkauf bestimmter Sparten erfolgreich war, aber die Sparte X kaum angesprochen hat, wird er auch in Zukunft die Sparte X nur ansprechen, wenn er ganz genau weiß, wie das funktioniert. Wenn der Verkäufer im Übungsgespräch nun die entscheidende Frage, die auf die Sparte X abzielt, formuliert, dann spüren die Beobachter die Veränderung.

3.3.5   Die Fragen wirken nur, wenn sie automatisch abrufbar sind!

Wenn wir wollen, dass jemand auf die Uhr sieht, dann müssen wir ihn einfach fragen: „Wie spät ist es?". Diese Frage ist sehr ausgereift. Sie führt genau zu der Handlung, die wir beabsichtigt haben. Die Frage ist außerdem Teil unseres ständig abrufbaren Fragenschatzes, wir müssen also nicht lange an der Formulierung basteln. Die Pause danach halten wir auch automatisch aus, weil wir daran gewöhnt sind, dass der Gefragte auf diese Frage genauso reagiert, wie wir es beabsichtigt hatten.

Die Erfahrung zeigt, dass die Fragen für Zielgespräche auch nur dann gut wirken können, wenn sie in uns abgespeichert sind, sodass wir unmittelbar darauf zugreifen können. Wenn wir erst eine Frage mühsam formulieren müssen, wirkt sie nicht mehr. Die Teilnehmer in den Übungsgesprächen merken dies auch sofort und neigen dann dazu, weitere Fragen nachzuschießen. Dies vermindert die Verwirrung beim Mitarbeiter natürlich nicht im Geringsten.

Wenn ich als Trainer an solchen Stellen der Übungsgespräche die Kamera stoppe und eine Regieanweisung gebe, erkennt man schnell, wie sich die Führungskraft entspannt und der Verkäufer wieder in die Pflicht genommen wird. Wenn eine Führungskraft im Zielgespräch überzeugen will, muss sie sich vorher die Fragen angeeignet haben.

3.3.6   Abweichungen vom „Drehbuch" behindern den produktiven Gesprächsverlauf!

Im Laufe der Übungen haben sich für bestimmte Führungssituationen Dialoge entwickelt, die geeignet sind, einen Mangel erkennen zu lassen und die Behebung desselben einzuleiten. Wenn ein Mitarbeiter zu wenige Termine hat, finden Sie in diesem Buch genauso den exakten Ablauf des Gesprächs wie für einen Mitarbeiter, der ein bestimmtes Produkt nicht anspricht. Als Führungskraft können Sie dabei in die Rolle eines Schauspielers schlüpfen, der einen bestimmten Text sagt.

Wenn ich Gespräche auf Video aufzeichne, helfe ich gerne von außen mit und liefere da und dort einen passenden Text. Die Führungskraft und der Mitarbeiter sind unmittelbar nach dem Gespräch in der Regel sehr erstaunt, wie einfach es ist, jemanden mit den richtigen Fragen auf die richtige Spur zu bringen. Der Mitarbeiter kann gar nicht ausweichen, wenn sich die Führungskraft genau an das Skript hält.

Ich habe an anderer Stelle erwähnt, dass sich meine Fragen und der genaue Ablauf des 15-Minuten-Zielgesprächs im Laufe der letzten Jahre durch zahlreiche Trainings in den Seminaren entwickelt haben. Sehr dankbar bin ich den Teilnehmern für die Mitarbeit in den Gruppenarbeiten und bei den Übungsgesprächen. Wir haben gemeinsam einen Gesprächsleitfaden für typische Gesprächssituationen entwickelt, der nun ausgereift ist und sich schon vielfach bewährt hat. Trotzdem erlebe ich manchmal Berührungsängste der Teilnehmer mit den fertigen Texten. „Ich bin ein Freigeist", sagte mir unlängst ein Teilnehmer, „und kann mich schwer mit fertigen Texten anfreunden." Ich lasse in so einem Fall das Gespräch eine Zeit lang laufen, und bald stellen alle Beteiligten fest, dass es aus dem Ruder läuft. An dieser Stelle biete ich wieder meine Hilfe an, die dann gerne angenommen wird.

► Es ist sinnvoll, sich diese Texte anzueignen. Wenn Sie die Formulierungen einmal „drauf" haben, können Sie immer noch an der einen oder anderen Stelle Fragen verwenden, die vielleicht besser zu Ihnen passen. Das wäre dann aber die „Kür", die ohne die „Pflicht" nicht möglich ist.

Das 15-Minuten-Zielgespräch in der praktischen Anwendung **4**

4.1 So setzen Sie das 15-Minuten-Zielgespräch in Ihrem Unternehmen um

Wenn die Inhalte dieses Buches im Vertrieb eines gesamten Unternehmens umgesetzt werden sollen, dann muss am Beginn die Entscheidung stehen, voll und ganz mit den Inhalten des 15-Minuten-Zielgesprächs zu arbeiten. Alle Führungskräfte und Verkäufer des Unternehmens müssen zu *Fragenstellern* werden. Folgende Voraussetzungen müssen vorliegen beziehungsweise geschaffen werden:

- Erarbeitung einer Liste von guten Einstiegsfragen für alle Produkte und Sparten des Unternehmens.
- Sammlung aller typischen Einwände von Kunden bei der Terminvereinbarung und im Verkaufsgespräch sowie Entwicklung von entsprechenden Entgegnungen.
- Erarbeitung einer Liste von typischen Führungssituationen und entsprechenden Fragen für den Einstieg in das Führungsgespräch.
- Anpassung bestehender Verkaufsunterlagen in Hinblick auf die Fragen- und Pausentechnik.

© Springer Fachmedien Wiesbaden 2014
K. Herndl, *Das 15-Minuten-Zielgespräch,*
DOI 10.1007/978-3-8349-4725-3_4

Tab. 4.1 Formblatt zur Analyse des 15-Minuten-Zielgesprächs

Analyse der 15-Minuten-Zielgespräche	
Mitarbeiter	Datum
Welches Thema habe ich gewählt?	Was wollte ich erreichen?
Was habe ich erreicht/vereinbart?	Welche W-Fragen haben sich als hilfreich erwiesen?
Wie konkret wurde Controlling vereinbart/durchgeführt?	Zwei Wochen später: Was hat der Mitarbeiter tatsächlich umgesetzt?

- Anpassung bestehender Verkäufertrainings in Hinblick auf die Fragen- und Pausentechnik.
- Festlegung eines Ablaufs, nach welchem die Verkäufer und Führungskräfte die beschriebenen Verhaltensweisen erlernen und trainieren können.
- Analyse und Anpassung aller bestehenden Produktunterlagen.
- Definition der Ziele nicht mehr nur in *Zahlen*, sondern vor allem in *Handlungen*.

Damit Sie in der Anwendung des 15-Minuten-Zielgesprächs immer sicherer werden, ist es sinnvoll, durchgeführte Gespräche zu analysieren. Dafür ist die Struktur in Tab. 4.1 hilfreich:

4.1.1 Top down

Eine der wichtigsten Voraussetzungen für das Gelingen des Projekts ist, dass auch die oberste Führungsebene hinter den Grundzügen des 15-Minuten-Zielgesprächs steht und die Fragen in der Praxis auch stellt. So sollte beispielsweise auch der Vorstand fragen:

Beispiel

Vorstand: „Herr D, der Mitarbeiterausbau in manchen Ihrer Regionen klappt wohl nicht so gut. Welche Fragen stellen Sie in diesem Zusammenhang Ihren regionalen Führungskräften?"

Ziel

Am Schluss des Projekts muss sichergestellt sein, dass die Mitarbeiter des gesamten Unternehmens in der Lage sind, ihre Verkaufs- und Führungsgespräche mit der Fragen- und Pausentechnik effizient zu steuern. Der Verkaufserfolg, der dabei herauskommt, wird diesen Aufwand mehr als rechtfertigen.

4.2 Was Führungskräfte zum 15-Minuten-Zielgespräch sagen

Das Feedback, das mir meine Seminarteilnehmer nach ihrem ersten *15-Minuten-Zielgespräch* geben, ist durchweg äußerst positiv. Ein paar Auszüge aus derartigen Rückmeldungen von Seminarteilnehmern möchte ich Ihnen nicht vorenthalten. Die folgenden Äußerungen vermitteln Ihnen einen Eindruck davon:

> … Ich hätte vor Ihrem Seminar sicherlich nicht die notwendige Eigendisziplin aufgebracht, konsequent zu bleiben, und wäre eher auf die „Harmonieschiene" gegangen und hätte gefragt, wie „wir gemeinsam" Lösungen finden. Durch meine neue Gesprächsführung ist es mir aber letztlich gelungen, etwas zu bewegen. Ich fühle mich auch durch das Gespräch gestärkt, auf dem richtigen Weg zu sein… (Thomas S., Rothenburg)
>
> … Das erste Gespräch ist sehr gut gelaufen. Die Fragen haben funktioniert, die Handlung wurde durchgespielt, eine konkrete Vereinbarung wurde getroffen… (Carsten G., Köln)
>
> … Endlich kann ich mich im Gespräch an einen sehr konkreten Leitfaden halten. Die Gespräche dauern nun viel kürzer als vorher, trotzdem bringen sie viel mehr Entwicklung… (Hannelore S., Düsseldorf)
>
> … Wenn man so will, hat es bei mir zum Thema „Führung" so richtig „Klick" gemacht. Das betrifft die Einstellung und die Methodik. Beides zu schulen war extrem hilfreich, förderlich und eigentlich längst überfällig. Aber lieber ein gutes Seminar zu spät als nie… (Hubert R., Landsberg)
>
> … Ich habe versucht, die Fragen richtig zu formulieren und sie direkt zu stellen und war ganz stolz darauf, dass ich auf eine Rückmeldung von

meinem Mitarbeiter „heute Abend 19.00 Uhr" bestanden habe. Und er hat angerufen... (Christin B., Barsinghausen)

... Mein erstes 15-Minuten-Zielgespräch war sehr erfolgreich. Am meisten hat mich überrascht, wie groß die Wirkung einer Pause nach der Frage sein kann. Der Mitarbeiter muss sich dadurch selbst mit seiner Situationen beschäftigen und kommt dabei auf Ideen, die ich spontan gar nicht gehabt hätte... (Gaby K., Frankfurt)

... Vor wenigen Minuten habe ich mein erstes 15-Minuten-Zielgespräch beendet. Durch eine gute Vorbereitung verlief das Gespräch angenehm und zielführend. Die W-Fragen führten zum Erfolg, und ich konnte damit den Mitarbeiter, der gerne ausschweift und ablenkt, in der Bahn halten, ohne dass es stressig wurde... (Edgar W., Osterburken)

... Das Gespräch ist gut verlaufen. Es dauerte knapp 15 min und endete mit einer klaren schriftlichen Aktivitätenvereinbarung mit Terminen und Stückzahlen. Die Einstiegsfrage für die Rentenvorsorge wurde gemeinsam erarbeitet und geübt... (Bianka K., Bremerhaven)

... Das Gespräch lief super, als konkrete Zielvereinbarung wurden 15 Termine für nächste Woche vereinbart, das erste Controlling ist auch schon erfolgt, ich bleib dran... (Thomas G., Pressig)

... Anbei, wie besprochen, das Gesprächsprotokoll des Führungsgesprächs, das ich zugesagt habe. Das Gespräch lief völlig entspannt und dauerte ca. 12,5 min. Auf meine Fragen „Wie viele Termine pro Woche traust du dir zu?", „Wie willst du sicherstellen, dass du dein Ziel erreichst?", „Bis wann hast du die Termine gemacht?" und „Wie erfahre ich davon?" kamen die gewünschten Antworten... (Werner V., Weißenburg)

... Whow! Das Fragen und die Pausen danach helfen wirklich! Ich habe drei Mitarbeiter „auf Spur" bringen können, und es hat viel weniger Zeit gekostet als sonst. Einer hat mich gerade angerufen und für die meisten Vereinbarungen den „Vollzug" gemeldet... (Dieter M., Krefeld)

... Mit dem Ergebnis des ersten „15-Minuten-Zielgesprächs" bin ich mehr als zufrieden. Genial an der Gesprächsführung ist, dass sich der Gesprächspartner seine Motivation, das Ziel anzupacken, durch Fragen gesteuert selbst erarbeitet... (Friedrich P., Saarbrücken)

- **Rote Linie**
  - Wenn wir die Verhaltensweisen nicht verändern, brauchen wir uns nicht zu wundern, dass die Ergebnisse nicht besser werden.
  - Die größte „rote Linie" für Verkäufer ist das Verkaufen.
  - Die größte „rote Linie" für Führungskräfte ist das Führen.
- **Ziele**
  - Verkaufserfolg setzt voraus, dass Verkaufsgespräche stattfinden.
  - Cross-Selling ist wichtig, weil der Kunde Cross-Seller ist.
  - Führungskräfte vereinbaren mit ihren Mitarbeitern meist Zahlenziele statt konkrete Handlungen.
  - Ein Pferd springt immer so hoch, wie die Latte liegt.
  - Wenn es jemand dauerhaft schafft, mit wenigen Terminen in der Woche seine Ziele zu erreichen, dann können seine Ziele nicht hoch genug gesteckt worden sein.
- **Führen**
  - Ein Führungsgespräch ist ein Verkaufsgespräch.
  - Als Führungskraft sind Sie dafür verantwortlich, dass Ihre Mitarbeiter mehrmals am Tag das Richtige tun.

© Springer Fachmedien Wiesbaden 2014
K. Herndl, *Das 15-Minuten-Zielgespräch,*
DOI 10.1007/978-3-8349-4725-3_5

- Schlimm ist, wenn Verkäufer im Großen und Ganzen machen, was Sie wollen. Noch schlimmer ist es, wenn Führungskräfte dabei tatenlos zusehen.
- Als Führungskraft sind Sie aufgefordert, Ihren Mitarbeitern ständig den Spiegel vorzuhalten.
- Führen heißt, eng an den Menschen dran zu sein.
- Es wird Zeit, dass sich Führungskräfte an ihrer Wirkung messen lassen, nicht an der dafür aufgewendeten Zeit.
- Es geht nicht darum, Verkäufer mitzureißen, sondern darum, Verkäufer zu entwickeln.
- Gegen Lob kann man sich nicht wehren. Darum sollte Lob immer am Anfang von Entwicklungsgesprächen eingesetzt werden.
- Als Führungskraft sind Sie verantwortlich dafür, dass Ihre Mitarbeiter für die gängigen Einwände der Kunden im Verkaufsgespräch eine passende Antwort parat haben.
- Selbstständige Vertriebspartner haben mit dem Unternehmen zwar keine „Ehe" geschlossen, aber eine Lebensgemeinschaft. Die löst man auch nicht leichtfertig auf.
- Eine Teamsitzung war sinnvoll, wenn die Mitarbeiter nach der der Sitzung mehr können als vorher.
- **Fragen und Pausen**
  - Wenn wir etwas bewegen wollen, reagieren wir oft automatisch mit einem Redeschwall.
  - Gute Vereinbarungen entstehen durch gute Fragen und Pausen, nicht durch Befehle.
  - Nichts trifft so sehr, wie eine gute Frage, wenn die Pause danach ausgehalten wird.
  - Alles, was man erzählen kann, kann man auch in Frageform zum Thema machen.
  - In Fragen verpackt kann man Menschen alles sagen.
  - Wer konsequent mit Fragen und Pausen arbeitet, erreicht in der Hälfte der Zeit die doppelte Wirkung.
  - Führungskräfte sind keine Prediger, sondern eben Führer.

- **Konflikt**
  - Es nimmt Ihnen niemand ab, sich mit Ihren Mitarbeitern auf Konflikte einzulassen.
  - Führen heißt entwickeln – Entwickeln geht selten ohne Konflikt – Konflikt tut weh.
  - Konflikte lösen sich fast nie von selbst.
- **Konsequenzen**
  - Führungskräfte haben selten beim *Erkennen* von Problemen Entwicklungsbedarf, aber oft im Hinblick auf das Handeln.
  - Bei einem klaren Bruch von Unternehmensregeln wird zu selten abgepfiffen und die gelbe Karte gezeigt.
  - Wer einmal nicht konsequent einfordert, der braucht in Zukunft nichts mehr zu vereinbaren.
- **Mitarbeiterauswahl**
  - Ein Mitarbeiter, der *vielleicht* für den Job geeignet ist, braucht in der Einarbeitungszeit genauso viel Energie der Führungskraft, wie ein Mitarbeiter, der *sicher* für den Job geeignet ist.

Literatur

Benien, Karl, und Friedemann Schulz von Thun. 2003. *Schwierige Gespräche führen*. 3. Aufl. Reinbek: Rohwolt.

Braig, Wilfried, und Roland Wille. 2006. *Mitarbeitergespräche*. Zürich: Orell Füssli.

Bungard, Walter, und Oliver Kohnke. 2002. *Zielvereinbarungen erfolgreich umsetzen*. 2. Aufl. Wiesbaden: Gabler.

Fersch, Josef M. 2005. *Erfolgsorientierte Gesprächsführung*. Wiesbaden: Gabler.

Grimm, Detlef, und Norbert Windeln. 2006. *Zielvereinbarungen*. Frankfurt a. M.: Recht und Wirtschaft.

Herndl, Karl. 2012. *Führen und verkaufen mit der Kraft der Ordnung*. 2. Aufl. Wiesbaden: Gabler.

Herndl, Karl. 2013. *Sales coaching by Benedict*. Wiesbaden: Gabler.

Herndl, Karl. 2014. *Auf dem Weg zum Profi im Verkauf*. 5. Aufl. Wiesbaden: Gabler.

Herndl, Karl. 2014. *Führen im Vertrieb*. 4. Aufl. Wiesbaden: Gabler.

Kießling-Sonntag, Jochem. 2002. *Zielvereinbarungsgespräche*. Berlin: Cornelson.

Kunz, Gunnar C. 2003. *Führen durch Zielvereinbarungen*. München: Beck.

Mentzel, Wolfgang. 2006. *Mitarbeitergespräche*. 4. Aufl. Freiburg: Haufe.

Müller, Norbert, und Doris Brenner. 2006. *Mitarbeiterbeurteilungen und Zielvereinbarungen*. Landsberg: mi-Fachverlag.

Stöwe, Christian, und Anja Weidemann. 2007. *Mitarbeiterbeurteilung und Zielvereinbarung*. 2. Aufl. Freiburg: Haufe.

Stroebe, Antja I., und Rainer W. Stroebe. 2006. *Motivation durch Zielvereinbarungen*. 2. Aufl. Frankfurt a. M.: Recht und Wirtschaft.

© Springer Fachmedien Wiesbaden 2014
K. Herndl, *Das 15-Minuten-Zielgespräch*,
DOI 10.1007/978-3-8349-4725-3

The manufacturer's authorised representative in the EU is Springer
Nature Customer Service Centre GmbH, Europaplatz 3, 69115 Heidelberg,
Germany. If you have any concerns regarding our products, please
contact ProductSafety@springernature.com

Printed and bound by CPI Group (UK) Ltd, Croydon, CR0 4YY
28/04/2026
02098491-0003